● 中学美文读本

域外传情

主　　编：北京大学中文系主任博士生导师
温儒敏
北京师范大学中文系博士生导师
王富仁

（下）

吉林人民出版社

■ 索尔仁尼琴散文四章

>> （俄罗斯）索尔仁尼琴

世上任何食物，任何美酒，甚至女人的吻对我来说都没有这空气甜美，这空气充溢着花香、潮润、清新。

呼 吸

夜里下过小雨，现在空中还飘移着乌云，不时还洒下几滴雨水。

我站在一棵花已凋谢的苹果树下——呼吸着。不只是一棵苹果树，而且还有。周围的青草，在雨后都水灵灵的，生机盎然——那种充满了空气的清新鲜润的气味令人难以言表。我深深地吸着，整个胸膛都感到它的芬芳。我吸了又吸，有时睁眼，有时闭眼，我不知道，怎么才能更好地感受。

大概，这就是自由——那监狱剥夺了我们的惟一的但是最宝贵的自由：能这样呼吸，能在这里呼吸。世上任何食物，任何美酒，甚至女人的吻对我来说都没有这空气甜美，这空气充溢着花香、潮润、清新。

纵然这只是个小小的花园，它被像兽笼似的五层楼房团团围住，我却不再听到如摩托车轰鸣般的射击声，收音机里的怪声，扬场器的嘟哝。只要还可以在雨后苹果树下呼吸，就还可以生活。

水中的倒影

无论是近的还是远的东西，在急流的表面都看不到它们的倒影，即使这水并不浑浊，即使它没有泡沫。在经常有波纹的水面，在不停更替的水面，倒影是摇曳不定的，模糊不清的，古里古怪的。

只有当流水经过千川百流到达平静宽阔的河口，或者在静止的河湾，或者在水不颤动的小湖里——只有在那里我们才会在镜子般平滑的水面看到岸边树木的每一片叶子，如羽毛般轻盈的每一片云彩，蔚蓝寥廓的一片苍穹。

你是这样，我也是这样。如果至今我们怎么也不能看到，怎么也不能映照出不朽的清晰的真理，——这就是说，是否是因为我们还在往哪儿运动？我们还在活动？……

篝火和蚂蚁

我把一段腐烂的木头扔进了篝火。我没有看到木头里面密密麻麻钻满了蚂蚁。

木头燃烧起来发出劈啪声，蚂蚁蜂拥爬出来，在绝望中逃窜着。它们在木头面上忙乱着，痉挛着，在火焰中燃烧着。我钩住木头，把它推到边上。现在许多蚂蚁得救了——它们爬到沙子上、松针上。但是很奇怪，它们没有离开篝火。刚克服恐惧，它们就向后转，转着圈——有一种力量吸引它们回来，回到被舍弃的家园！——有许多蚂蚁又爬到了燃烧着的木头上，在上面团团乱转，死在那里。

闪　电

我只是在书上读到过，从来没有亲眼看到过：闪电怎么劈开树木的。

终于看到了。白天滚过雷电，一道闪电的耀光如明灿灿的金子照亮了我们的窗户。即刻，不到一秒钟，就打了个响雷：离房子二三百步，不会更远。

雷电过去了，正是这样：就在近处，在一块林地上。闪电在高高的松林中选择了并不是最高的一棵菩提树——为什么？闪电从上面，略低于树梢的地方开始，沿着树干，穿过它那生机勃勃、充满自信的树心。它消耗了力量，没有到达底部——滑过了？力量耗尽了？……只是在燎着的树根附近，地面被弄得坑坑洼洼，还有一块大木片被扔在五十米远处。

一段树干，有树身一半长，靠在一旁，压着无辜的邻树的枝杈。而另一段——还支撑了一天，矗在那里——有多少力量？它已经完全被劈裂了，露出穿心的大窟窿。后来，它就倒向一边，倒向另一棵高大的姐妹树那友好的树杈。

我们，别人也是这样：当遭到良心惩罚的打击时，那么它会穿过整个身心，一直穿过整个人生。那以后有人还能挺住，有人则不。

■赏析

透析索尔仁尼琴的散文，清净，悠扬，且饱满着对生活对生命的诸多思索和感悟。

作者于“呼吸”之中享受生活的芬芳和宁静，感受心灵自由的舒展和快慰；“水中的倒影”带给作者的是对生命的彻悟，以及从普通的自然现象中捕捉到的关于搏击生活的真谛；而那群“篝火”中的“蚂蚁”，给我们展示了爱的力量爱的壮丽；“闪电”则洞穿我们的思想，叫我们低下头去，看看自己的那一颗“良心”……

■ 崇拜天空

>> （美国）伊格内托

我们感到自己卑微于太阳，于水，于树木，于岩石——那些永恒的、黯然的、无可言通的生命。

我在我屋子的沉寂中感受到的是何等的悲哀哟。曙色里，我独自起身。我好像是整个地球上的最后一人，抑或最初一人，没有谁可以说说话儿。周围那么多的美景，可是无法传通，更添了若许寂然。我感觉出，世界可能充满敌意，甚或仅仅是冷漠。也许，我正感受着人对生命的悲哀：他那颗包裹在动物的皮囊里的心清楚，他的死，一如他的生，将受到同样的漠视。这使他禁不住怀疑，他究竟是为着什么活在世间，既然对别人对自己是如此的微不足道。这正是我此时的心境。对此，我无法添加什么，只是像我之前的所有的人一样地等待着死亡。

我们崇拜树木和石头，崇拜天空、太阳和水，因为它们不能直接与我们交谈。在它们面前，我们感到自己竟是如此卑下，因为我们拥有彼此交流的能力。我们觉得，那正是我们从先辈那儿继承而来的错误。与石头、大海、太阳、树木的威力相比，我们拥有的这种能力，真是微不足道。它们撞击我们，我们或死亡，或被其淹没。我们卑微。我们打一开始就担心自己会成为唯一能够言语，能够喊叫能够感受孤独的动物：所有别的动物皆默然于世，从不曾有过可以觉察到的恐惧、愤怒，甚至生存的欢悦——这些都是我们的遭际。

动物也与我们分享着某种共同的禀性。当它们从我们的帐篷前悄悄溜过，或伫立在若远若近的地方凝视着篝火或在静夜里嗥啸、悲吟，我们便感受到了这点。它们的秘语与我们竟是那么相似。它们因此毫无保留地把它们称做兄弟、姐妹，我们以为它们占据着我们——因年老而死亡或被同胞所杀戮的我们——的灵魂。当我们为了食物屠杀一只牧畜，我们祈求它的灵魂饶恕我们，就像祈求我们失去的兄弟姐妹饶恕我们的生。我们打一开始便郁闷不乐——这些死亡往往更坚定了我们的谬错感——因为石头、树木、岩石和太阳，当它们杀戮过、损残过，从不曾公开悔疚过什么，不曾昭然感受到什么。而且，杀戮时，它们也往往不是主动的，而是被扔着、被攀附着、被浸沐着。它们的威力乃我们望尘而莫及。我们崇拜它们。它们或可被左右着越过某一定点。因此，此刻使我醒来的，不是别的，正是一种古老的、久远的悲哀。我总是独自一人，注定要三番五次地孤独，而终不能知其因由。我只好认命，这是对在人世间感到卑微的我辈的惩罚。我们感到自己卑微于太阳，于水，于树木，于岩石——那些永恒的、黯然的、无可言通的生命。

■赏 析

“我”为自己生命的微不足道而悲哀，因无目的的活在世间而迷惘，和前人一样，“我”安静的生，也安静的死，世界不会改变什么。

“我们拥有彼此交流的能力”，然而这种能力与自然相比是渺小的。同是杀戮和损残，自然“从不曾公开悔疚，不曾昭然感受”。我们却是郁闷不乐的。我们害怕孤独，珍视生灵。动物的死亡坚定了

“我们的谬错感”。

“我”因悲哀而醒来，深深感到人类的卑微。“我”崇拜着“那些永恒的，默然的，无可言通的生命”。

记忆深处

■ 生命的五种恩赐

>> （美国）马克·吐温

在这样的时刻，我们更要把太阳紧紧搂在怀里。太阳是真理的挚友，真理是思想的太阳，用太阳的光束编织我们的思绪，让信仰的旗帜激溅出劳动与创造的火焰，向全世界展示光明事业的灿烂辉煌！

A

在生命的黎明时分，一位仁慈的仙女带着她的篮子跑来，说："这些都是礼物。挑一样吧，把其余的留下。小心些。作出明智的抉择；哦，要作出明智的抉择哪！因为，这些礼物当中只有一样是宝贵的。"

礼物有五种：名望，爱情，财富，欢乐，死亡。少年人迫不及待地说："无需考虑了。"他挑了欢乐。

他踏进社会，寻欢作乐，沉湎其中。可是，每一次欢乐到头来都是短暂、沮丧、虚妄的。它们在行将消逝时都嘲笑他。最后，他说："这些年我都白过了。假如我能重新挑选，我一定会作出明智的抉择。"

B

仙女出现了，说：

"还剩四样礼物。再挑一次吧；哦，记住——光阴似箭。这些礼物当中只有一样是宝贵的。"

这个男人沉思良久，然后挑选了爱情。他没有觉察到仙女的眼里涌出了泪花。

好多好多年以后，这个男人坐在一间空屋里守着一口棺材。他喃喃自忖道："她们一个个抛下我走了。如今，她——最亲密的，最后一个——躺在这儿了。一阵阵孤寂朝我袭来。为了那个滑头商人——爱情——卖给我的每小时欢娱，我付出了一个小时的悲伤。我从心底里诅咒它呀。"

C

"重新挑吧，"仙女道，"岁月无疑把你教聪明了。还剩三样礼物。记住——他们当中只有一样是有价值的，小心选择。"

这个男人沉吟良久，然后挑了名望。仙女叹了口气，扬长而去。

好些年过去后，仙女又回来了。她站在那个在暮色中独坐冥想的男人身后。她明白他的心思：

"我名扬全球，有口皆碑。对我来说，虽有一时之喜，但毕竟转瞬即逝！接踵而来的是忌妒，诽谤，中伤，．嫉恨，迫害。然后便是嘲笑，这是收场的开端。一切的末了，则是怜悯。它是名望的葬礼。哦，出名的辛酸的悲伤啊！声名卓著时遭人唾骂，声名狼藉时受人轻蔑和怜悯。"

D

"再挑吧。"这是仙女的声音，"还剩两样礼物。别绝望。从一开始起，便只有一样东西是宝贵的。它还在这儿呢。"

"财富——即是权力！我真瞎了眼呀！"那个男人道，"现在，生命终于变得有价值了。我要挥金如土，大肆炫耀。那些惯于嘲笑和蔑视的人将匍匐在我的脚前的污泥中。我要用他们的忌妒来喂饱我饥饿的心魂。我要享受一切奢华，一切快乐，以及精神上的一切陶醉和肉体上的一切满足。这个肉体人们都视为珍宝。我要买，买！

尊从，崇敬——一个庸碌的人间商场所能提供的人生种种虚荣享受。我已经失去了许多时间，在这之前，都作了糊涂的选择。那时我懵然无知，尽挑那些貌似最好的东西。"

短暂的三年过去了。一天，那个男人坐在一间简陋的顶楼里瑟瑟直抖。他憔悴，苍白，双眼凹陷，衣衫褴褛。他一边咬嚼一块干面包皮，一边嘀咕道：

"为了那种种卑劣的事端和镀金的诺言，我要诅咒人间的一切礼物，以及一切徒有虚名的东西！它们不是礼物，只是些暂借的东西罢了。欢乐，爱情，名望，财富，都只是些暂时的伪装。它们永恒的真相是——痛苦，悲伤，羞辱，贫穷。仙女说得对。她的礼物之中只有一样是宝贵的，只有一样是有价值的。现在我知道，这些东西跟那无价之宝相比是多么可怜卑贱啊！好珍贵、甜蜜、仁厚的礼物呀！沉浸在无梦的永久酣睡之中，折磨肉体的痛苦和咬啮心灵的羞辱、悲伤，便一了百了。给我吧！我倦了；我要安息。"

E

仙女来了，又带来了四样礼物，独缺死亡。她说：

"我把它给了一个母亲的爱儿——一个小孩子。他虽懵然无知，却信任我，求我代他挑选。你没要求我替你选择啊。"

"哦，我真惨啊！那么留给我的是什么呢？"

"你只配遭受垂垂暮年的反覆无常的侮辱。"

■赏析

人生在世，总会经受那"五种恩赐"的侵扰，总会经受"痛苦、悲伤、羞辱、贫穷"的打击，但生命履历中最宝贵的是生命本身，是爱！

马克·吐温晚年相继失去了两个女儿和妻子，心情十分沮丧，笔调也悲观起来。他的笔一反旧时的幽默与诙谐，显得十分悲凉，喊出了一个晚年丧妻丧子老人颤栗的心声："给我吧！我倦了！我要安息！"

难道生命中再也没有值得爱的东西？难道你失去了生命的本真？

同路人

>> 凯门·瑞潘

在相遇以前我们孤独而又满足，就像两棵植物，在稀薄的阳光中轻松地生长，走着一个人的路，却做着两个人的梦。

不管是雨天、雪天或酷热的仲夏，我们一群人总是一大早便在公车站聚合，启程去礼拜堂。在这种情况下，同舟共济远较互通姓名重要。

司机的八字胡已经雪白，在他那饱经风霜的面孔上显得格外突出。他和蔼地向每个乘客微笑，希望他们把应付的票钱放入钱箱内，并且遵守乘车的一切明文及不明文规定。

在他的公车上，绝对不能吸烟、乱丢垃圾、言行粗鲁；也很少人在到站时要打那刺耳的铃，他记得每个常客下车的地方。

启程前，我们都会在心中暗自点名：前排那个向来不出声、就算我们热烈跟她打招呼她也不回应的女人在哪里？呀，她来了。她衣衫破旧，显然并没有多少余钱，却总是多带一杯咖啡送给司机。

那个刚挨过漫漫长夜、总让我们觉得有他在大家就很安全的夜班工厂保安员来了没有？噢，他来了，一屁股坐在座位上，闭起眼睛，直到车子开近他该下车的街角，才不得已地睁开眼，站起来从前门下车。

还有那个进城去买份星期早报的矮胖子，他总是跟我们一起去咖啡店买个面包，然后把报纸挟在腋下乘车回家。有个早上，他正要上车时，突然晕倒在人行道上，我们都立刻趋前帮忙。一个不知名的人伸出手臂让他枕着，等救护车到来。我们离去的时候，人人都在为他默祷。然后有人瞥见他的报纸丢在沟渠里，司机便把车停下，我们把报纸塞进救护车内他的身旁。那天早上公车误点很久。

第二个星期天，那胖子又来了，挟着一份刚出版的早报，脸上带着明显的感激笑容。

一对手牵手上车的墨西哥夫妇也是笑容满面，他们下车时仍紧牵着手。去年年底那个女的怀孕了，后来有一天，她的大肚子不见了，清楚告诉我们孩子已经出世。我们甚至为添了一名新成员而有点骄傲。

我们在距离车站 15 个街口处，就会见到那群海地人。他们乘的那辆公车总是比我们的晚到换车点，要是我们开走时他们还没到来，我们就会怅然若失。在他们全上车后，大家总是微笑点头。只要能表达内心的情意，谁需要说话或互通名字呢?

有个黄昏，我们去光顾公车路经的一家鲜鱼馆子，侍者把我们带到一张桌前，旁边有个紧裹着大衣的人独坐着。我们还没有看到那人的脸，先已认出她那件的大衣：正是那坐在公车前排的妇人。

我们像每个星期天那样微笑熟稔地跟她打招呼。这一次，她的脸不再冷冰冰的，而露出表示认得我们的神情，然后羞涩地微笑。她的话从因语言障碍而崩紧的双唇生硬地吐出，我们马上明白为什么过去她不跟我们谈话。

她说，坐公车是她整个星期最大的享受，其次就是偶尔到这家馆子来吃饭。“而这一次我更是跟朋、朋、朋友一起吃。”她补充说。

桌上的烛光摇曳不定，两张桌子接近得好像合在一起。我们觉得以前从来没有吃过像这样鲜美的鱼。夜深沉，也更温馨。我们分手时成了朋友，我们交换了姓名。

■赏析

瞧呵，这个世界多么喧闹，多么缤纷，让我们一起走吧，不要互通彼此的姓名，只想同路相伴，只想感受彼此的温馨。

呵，你是我的同路人，你是我生命旅途中短暂的同伴，既然我们都在这人生的长河之中漫游，既然我们都想享受这美好生活的恩赐，那么，我们为什么不携手共进？为什么不抛却彼此的冷漠和猜忌？

来吧，朋友，不问你的姓名，只求和你同路……

永远的伴侣

>> （美国）伊格内托

眼下，我的世界确是很明亮。我抬头，看见了一轮闪烁的太阳。某一天，我会死去。这正是我期盼的美。我到太阳下漫步，怡然自乐，沐浴着阳光。我知道我的方向。

我感觉到，我仿佛在自己的体内占据着一个巨大的墓茔。我在里面踱来踱去，满怀好奇地审视着它。我发现它黑森森地兀立在那儿。但我依然在里面徜徉着，很有安全感地。也许，里面的空气略嫌稀薄了些，我感到有点儿透不过气来。但我并不认为它会有什么伤害。那是我自己的地方。我想在里面躺下。我确实不满足于这样的人生，但我心里清楚我没有别的选择。我找不到逃出去的路。我只有躺下、静卧而梦。当清晨——我如何能知道是清晨？——从黑暗中冉冉升起，我将竭力兴致勃勃，乘兴溜达。我的气力和意志不甘示弱。黑暗始终伴随着我，宛若拂面而过的方巾。我能写着这些，这很好。我相信，从活着的意义上看，我并不孤独。我结识着这些人，但我还说不上真正了解了这种关系。他们无论凭着他们的黑暗或沉默都无法与我沟通。我写着这些的时候，我的世界亮堂起来。但我到底还是迷失在这世界里，没有地平线或可识认的形体安抚我。我看见的是漫无涯际的平原。我独自一人。我看不出该到何方寻求帮助、寻求伙伴。只是在日光下行着，在夜色里躺下。我心不在焉地吃着。是谁，就为着这，把我丢弃在这儿？这问题不断涌入我的脑海。设若人生如斯，我何以要降生？在一个没有标记、没有伙伴、无边无际的平原上，什么才是我忧郁且迂回的人生的目的？至少，我不必杀了自己；等生的愿望耗尽了，我将因此死去。眼下，我的世界确是很明亮。我抬头，看见了一轮闪烁的太阳。某一天，我会死去。这正是我期盼的美。我到太阳下漫步，怡然自乐，沐浴着阳光。我知道我的方向。到底，我有了一位伴侣。

■赏析

“我”什么也没有，在这个世界里，“我”因降生而痛苦，“我”找不到自己的归宿，更没有自己的“伙伴”，一切都在茫然若失中渡过，那些揶揄的、叵测的、险恶的目光始终缠绕着“我”，“我”于阴霾的世界里喘息着，“我”知道：“我”将最终步入自己的坟茔。

但那一轮太阳依旧藏在“我”的心头，在我摊开的额头之上，明丽的光芒使“我知道我的方向”，这忠实的伴侣，始终尾随于“我”的身后，给“我”照亮回家的路……

我走过的地方

>> （日本）入泽康夫

生活中有一些东西不一定是你所喜悦的，然而一旦被迫割合，那种委屈、那种不甘、那种顿失所依的措手不及，就像一颗被推离正常轨道的星球，飘浮于茫然无垠的天空，没有重心，也没有方向。

在这什么都是褐色的地方，我跟我哥哥走散而哭了起来。我哥哥肩上扛了一只大鸟笑着走来。天空的月儿正在上升，就在那段时间里有些女人像蜜蜂那样飞来飞去。可是她们都没有翅膀呢……我哥哥拔掉鸟的羽给我煨烤起来。已经夜了，月儿当空，夜深深啊而明月还是亮晶晶。哥哥对我吆喝说：“喂，好去睡了。”我装作没听见，这么一片晶晶的银光中，而要我躺在这个什么都是褐色的地方，我多么苦恼。我从袋子里掏出面包，吃着，哎哟，好像妈妈来了。是啊是妈妈啊！妈妈没来，是我搞错了。森林里有什么鸟儿在啼叫呢？鸟儿为什么啼叫啊！我似乎渐渐靠近了山林，森林里光是杉树，很多很多。可是仔细看来，每七棵杉树中就有一棵杉树好像迎向明月。溪流上架着木桥，但是没装栏杆，兔子蹲在木桥上朝我这里瞧。是两只兔子。有什么东西从天空啪啦啪啦掉落下来，我吃了一惊。我瞧见地面上，都是箭形记号的小纸片，所有纸片上的箭头朝着各种方向。究竟有什么用处呢？哎，这些箭头也许是为了我哥哥不在，我等着哥哥，而他还没有回来的时候，我可以先找这些掉落下来的纸片，然后按照纸片上箭头指示的方向找寻哥哥去。我望望远方却是模糊了模糊了。啊，山木桥，杉树，都不见了，在这个什么也没有的褐色世界里只有明月还在天空啊！午夜的明月啊，也许在我不知不觉的时候，增多了一个明月，就是那样我也感到很冷很冷呢。因为感到很冷很冷啊，我哭了。

■赏析

这是什么地方啊？到处是褐色淹没的山林，到处是“朝着各种方向”的“箭头”，山林桥，杉树，像是在举行什么盛大仪式。“哥哥”到哪儿去了呢？“我”为什么“感到很冷很冷”呢？“午夜的明月啊”，你到底在向“我”暗示什么呢？还有，那“增多”的“一个明月”是什么？是远方“哥哥”的眸子？还是“我”生命深层萌发的幻想和激情？

入泽康夫经常用一些梦幻、潜意识等西方文学手法来进行创作，然而他又能巧妙地将东方的传统融合在一起，形成了自己独特的艺术风格。

听　泉

>> （日本）东山魁夷

我想诚实地生活。心灵的泉水告诫我：要谦虚，要朴素，要舍弃清高和偏执。

鸟儿飞过旷野。一批又一批，成群的鸟儿接连不断地飞了过去。

有时候四五只联翩飞翔，有时候排成一字长蛇阵。看，多么壮阔的鸟群啊！……

鸟儿鸣叫着，它们和睦相处，互相激励；有时又彼此憎恶，格斗，伤残。有的鸟儿因疾病、疲惫或衰老而失群。

今天，鸟群又飞过旷野。它们时而飞过碧绿的田原，看到小河在太阳照耀下流泻；时而飞过丛林，窥见鲜红的果实在树荫下闪烁。想从前，这样的地方有的是。可如今，到处都是望不到边的漠漠荒原。任凭大地改换了模样，鸟儿一刻也不停歇，昨天，今天，明天，它们继续打这里飞过。

不要认为鸟儿都是按照自己的意志飞翔的。它们为什么飞？它们飞向何方？谁都弄不清楚，就连那些领头的鸟儿也无从知晓。

为什么必须飞得这样快？为什么就不能慢一点儿呢？

鸟儿只觉得光阴在匆匆忙忙中逝去了。然而，它们不知道时间是无限的，永恒的，逝去的只是鸟儿自己。它们像着了迷似的那样剧烈，那样急速地振翅翱翔。它们没有想到，这会招来不幸，会使鸟儿更快地从这块土地上消失。

鸟儿依然忽喇喇地拍着翅膀，更急速、更剧烈地飞过去……

森林中有一泓清澈的泉水，发出叮叮咚咚的响声，悄然流淌。这里是鸟群休息的地方，尽管是短暂的，但对于飞越荒原的鸟群说来，这小憩何等珍贵！地球上的一切生物，都是这样，一天过去了，又去迎接明天的新生。

鸟儿在清泉旁歇歇翅膀，养养精神，倾听泉水的絮语。鸣泉啊，你是否指点了鸟儿要去的方向？

泉水从地层深处涌出来，不间断地奔流着，从古到今，阅尽地面上一切生物的生死，荣枯。因此，泉水一定知道鸟儿应该飞去的方向。

鸟儿站在清澄的水边，让泉水映照着身影，它们想必看到了自己疲倦的模样。它们终于明白了鸟儿作为天之骄子的时代已经一去不复返了。

鸟儿想随处都能看到泉水，这是困难的。因为，它们只顾尽快飞翔。

不过，它们似乎有所觉悟，这样连续飞翔下去，到头来，鸟群本身就会泯灭的，但愿鸟儿尽早懂得这个道理。

我也是群鸟中的一只，所有的人们都是在荒凉的不毛之地上飞翔不息的鸟儿。

人人心中都有一股泉水，日常的烦乱生活，掩蔽了它的声音。当你夜半突然醒来，你会从心灵的深处，听到悠然的鸣声，那正是潺潺的泉水啊！

回想走过的道路，多少次在这旷野上迷失了方向。每逢这个时候，当我听到心灵深处的鸣泉，我就重新找到了前进的标志。

泉水常常问我：你对别人，对自己，是诚实的吗？我总是深感内疚，答不出话来，只好默默低着头。

我从事绘画，要出自内心的祈望：我想诚实地生活。心灵的泉水告诫我：要谦虚，要朴素，要舍弃清高和偏执。

舍弃自我是困难的，甚至是不可的，我想。然而，絮絮低语的泉水明明白白对我说：美，正在于此。

■赏析

其实，我们都是“群鸟”中的成员。

我们漫无目的地飞翔着，“光阴在匆匆忙忙中逝去了”，我们没有在意身后的风景，“忽喇喇拍着翅膀”，“按照自己的意志”前行，没有目标，只有“清高和偏执”。

多想换一汪清泉，照亮我们“疲倦的模样”，多想于清泉之中看到“美”，看到“真实”。

让“心灵的泉水”不断撞击我们的思想吧，让我们仔细聆听来自心灵深处的“教育”和“告诫”吧。

寻找一颗善心

>> 明廷雄

感谢父母在我失意和遭受挫折的时候，递过了一支爱的拐杖，扶我走过了这段孤独的旅程。我想，在这个世界上，每个人都会有失意的和软弱的时候，唯愿他们身边也有亲友，能伸出温暖的双手；祝愿每一个，都拥有自己的幸福之杯。

我曾一度怕人瞧见我跟父亲在一起。他身材矮小，而且走起路来跛得厉害。我们时常一道外出，他的手要撑在我的胳膊上才能保持身体平衡，由此引来路人的注视。那种讨厌的目光，让我内心痛苦辗转，而父亲却镇定自若。

让我们两人的脚步协调起来比较困难，他蹒跚而行，我又缺乏耐心，正因为如此，我们一起行走的时候从不多说话。但每次一旦出了门，他总免不了交代："你定步伐，我努力跟上"。

我们通常在家和地铁之间来去，这是他上班的必由之路。他是个工作狂，哪怕天气再恶劣，他也决不旷一天工，而且他总能按时抵达办公室。这可不是件简单的事。碰上冰天雪地的日子，即使有人搀抚，父亲也走不稳。这样的时候，姐姐或者是我就用孩子玩的雪橇拉着他穿过纽约市布鲁克林的街道，把他送到地铁站口。他总是紧紧抓住入口阶梯边缘的栏杆，一步一步往下走，直到温暖的地铁隧道里冰融的地方。

在昔日的言谈中，他从不觉得自己是个令人怜悯的对象；对那些幸福而健全的人，他也从未流露出任何妒忌之情。他在别人身上寻找的是一颗善心，他发现如果谁拥有这样的一颗心，谁就会对他表现友好和善良。如今我也长大成人，我相信那是一个评判人的合适的标准。

现在我才明白，他总是通过我他惟一的儿子，来间接地参与许多事情。我打球，他在一旁喝彩；我加入海军，就是他“加入”了海军。我回家度假，他便安排我参观他的办公室。对同仁介绍我的时候，他由衷地说：“这是我的儿子，也是我自己，要不是情况不同，他做到的也是我能做到的。”他说这些话的时候声音总是很轻。

父亲已经去世多年了，但我越来越多地想起他。我不知道昔日他是否感觉到过我同他一起行走时的不情愿。如果他清楚这一点，我为自己没能告诉他我有多内疚、多卑俗、多懊悔而深感愧疚。

当我为琐事而抱怨时，当我妒忌别人的好运时，当我缺乏一颗善心时，我都不由得想起父亲。而在这样的时刻，仿佛是我把自己的手放在他的胳膊上来恢复一种平衡，并且我在心里说：“你定步伐，我努力跟上！”

■赏析

坚强的父亲有一颗多么质朴之心，他“蹒跚”于人生之路，“镇定自若”地穿越他人异样的目光，他没有退缩，乐观而自信地面对各种生活，面对生存的挑战！

在“父亲”面前，“我”一度显得多么委琐，“我”曾经被虚荣包裹，于浮华的世间找不到支撑灵魂的东西。从“父亲”那里，“我”到底得到了什么？

“父亲”，等等“我”，“你定步伐，我努力跟上！”

■晨　霜

>> （日本）德富芦花

带着美好的理想，带着远征的行装，林中的风景让你赏心悦目，信心剧增，瞧，多好的风景！

我爱霜，爱它清凛，洁净；爱它能报知响晴的天气。

最清美的，是那白霜映衬下的朝阳。

有一年十二月的末尾，我一大早从大船户冢这地方经过。那是个罕见的霜晨，田野和房舍上像下了一层薄薄的细雪，村庄的竹林和常绿树上也是一片银白。

顷刻间，东方天空露出了金色，杳杳旭日，升上没有一丝云翳的空中，霞光万道，照耀着田野、农家。那粒粒白霜，皎洁晶莹，对着太阳的一面，银光闪烁；背着太阳的一面，透映着紫色的暗影。农舍，竹林，以及田地里堆积的稻草垛，就连那一寸高的稻茬上，也是半明半暗，半白半紫。一眼望去，所见之处，银光紫影，相映成趣。紫影中仍然可以隐隐约约看到霜，大地简直成了一块紫水晶。

一个农夫站在霜地里烧稻草，青烟蓬蓬，散开去，散开去，遮蔽了太阳，变成银白色。逢到霜重，那青烟竟也带上了一层淡紫色。

于是，我爱霜，爱得越发深沉了。

■赏析

初冬，那粒粒晨霜，何以能拨动诗人的心弦？因为它不但具备清凛、洁净的特点，更能报知响晴的天气。

多么微不足道的晨霜啊，在冬阳的照射下，它甚至凝聚不成一个水珠，便化成气体随风逝去。

晨霜的生命极短，短得甚至见不到朝阳。

即使这样，晨霜依然我行我素每年准时而来，准时而去，依然清凉、洁净，无怨无悔！

生死轮回，自然规律，芸芸众生，难道不就是那晨霜的白色霜粒？

愿人们珍爱晨霜，珍爱自己！

■ 孩子们在无边的世界的海滨聚会

>> （印度）泰戈尔

大海涌起了喧笑，海岸闪烁着苍白的微笑。致人死命的波涛，像一个母亲在摇着婴儿的摇篮一样，对孩子们唱着无意义的歌谣。大海在同孩子们游戏，海岸闪烁着苍白的微笑。

孩子们在无边的世界的海滨聚会。头上是静止的无垠的天空，不宁的海波奔腾喧闹。在无边的世界的海滨，孩子们欢呼跳跃地聚会着。

他们用沙子盖起房屋，用空贝壳来游戏。他们把枯叶编成小船，微笑着把它们飘浮在深远的海上。孩子在世界的海滨做着游戏。

他们不会凫水，他们也不会撒网。采珠的人潜水寻珠，商人们奔波航行，孩子们收集了石子却又把他们丢弃了。他们不搜求宝藏，他们也不会撒网。

大海涌起了喧笑，海岸闪烁着苍白的微笑。致人死命的波涛，像一个母亲在摇着婴儿的摇篮一样，对孩子们唱着无意义的歌谣。大海在同孩子们游戏，海岸闪烁着苍白的微笑。

孩子们在无边的世界的海滨聚会。风暴在无路的天空中飘游，船舶在无轨的海上破碎，死亡在猖狂，孩子们却在游戏。在无边的世界的海滨，孩子们盛大地聚会着。

■ 赏 析

谁没有天真无邪、无忧无虑的童年？谁没有那“欢呼跳跃”的追逐和嬉戏呢？

痴迷于这“无垠的天空”，“在无边的世界的海滨聚会”。看呵，一颗颗童心如贝壳一样闪亮，没有世间烦忧，没有阴郁晦暗，死亡对他们无可奈何，罪恶对他们也只好远离，魔鬼无法恐吓他们的天真，金钱在他们眼中也只是一堆沙粒！

漫游于童年的天空里，你是否感知到人类的本真？面对茫茫碌碌的世界，你是否还有一颗童心？

■ 内心的告诫

>> （黎巴嫩）纪伯伦

我的心告诫我，教我懂得我提的灯不是为了我，我唱的歌也不是在我胸中谱成。我虽凭借光走路，但我不是光明；我即便是一把上了弦的琵琶，但却不是一个弹奏琵琶的乐师。

我的心告诫我，教我要爱人们所憎，与他们仇视的人真诚相处；它告诉我，爱不是爱人者的优点，而是被爱者的长处。在我的心告诫我之前，爱是紧拴在两根相邻桩子上的一根细线。而现在，它已成为首尾相衔，烛照现有一切并且慢慢扩展以囊括未来一切的光环。

我的心告诫我，教会我注视那模样、颜色和皮肤遮住的美，细细观察那被人们当做丑恶的东西，看出它的美好来。在我的心告诫我之前，我看到的美是烟柱间抖动的火苗；它消失了，我看到的只剩下灰烬。

我的心告诫我，教我倾听那些并非摇唇鼓舌、直着喉咙嚷叫所发出的声音。在我的心告诫我之前，我听力微弱，听觉迟钝，能感知的只是喧嚣和嘶喊。而现在，我会在寂静中侧耳倾听，听见那无声的乐队在歌唱岁月的颂歌，吟诵宇宙的赞美诗，透露冥冥之中的奥秘。

我的心告诫我，教我饮那不是榨出后斟在用手举起送至唇边的杯盏中的液汁。在我的心告诫我之前，我的干渴犹如灰堆中微弱的火苗，一口溪水或一口榨得的液汁即能将它浇灭。而现在，我把向往当美，把追求当饮料，把孤独当佳酿，我现在和将来都不须吸饮，但是，怀着这种不灭的热情，不啻是一种恒久的乐趣。

我的心告诫我，教我去接触那尚未成形、结晶的东西，教我懂得，可感知的只有一半是合理的，我们所掌握的只是我们期望的一部分。在我的心告诫我之前，冷静时遇到热情人，热情时碰到冷静者，萎靡时得遇热情人或者冷静者，我都会感到满足。而现在，我收紧的触觉已经松开，变成了薄雾，透过万物的表面，与万物的内在实质融合在一起。

我的内心告诫我，教我去闻不是芳草或香炉散逸出的气味。在我的心告诫我之前，我欲闻香，但求助于花圃、香水瓶或香炉。而现在，我闻到的是既非燃烧也非倾洒出来的香味。充塞我胸中的馨香，不来自这尘世的任何一家花园，不由空中的哪一阵清风所送至。

我的心告诫我，教我在未知的危险叫唤我时，回答说："我来了！"在我的心告诫我之前，我听到熟悉的召唤才起身，只走我经历过的平坦道路。而现在，已知成了乘骑，我跨上了它奔向未来，坦途成了阶梯，我拾级而上直抵险境。

我的心告诫我，教我在衡量时间时别这样说："昨天的已经过去，未来的明天再说。"在我的心告诫我之前，我曾以为过去的已经一去不复返，未来的永远也达不到。而现在，我懂得了，眼下的这一刻包含着时间的全部涵义，可以期望，可以成功，可以实践。

我的心告诫我，教我不要用"这里、那里"的概念去限制空间。在我的心告诫我之前，我到了某一地，但以为自己已经远离另一地。而现在，我明白了，我到达的某地即是各地，我占据的地点包含着全部空间。

我的心告诫我，教我在周围的人们酣睡时守夜，在他们醒着时入眠。在我的心告诫我之前，我睡着时看不到他们的梦境，他们熟睡时也无法观察我的梦想。而现在，我只在他们注视我时才遨游梦乡，我为他们入睡而感到欣喜时，他们已在梦境中自由翱翔。

我的心告诫我，教我不要因为赞扬而欣喜，由于受责而难受。在我的心告诫我之前，我总是怀疑我工作的价值和作用，直到岁月派来一位使者，加以褒奖或讽刺。而现在，我知道了，树木春天开花，夏天结果，它们并不奢望获得赞美；秋天叶子飘落，冬天枝丫光秃，它们也不怕遭受责备。

我的心告诫我，教育我并且向我断定，我不比流浪汉们高贵，也不比强权者们卑下。在我的心告诫我之前，我认为人分两种，一是弱者，我怜悯或鄙视他；一是强者，我追随或反对他。而现在，我懂得了，我是个人，人类是由个人组成的群体；我的因素、意愿、欲望和道路，就是人类的因素、意愿、欲望和道路；他们有过失，我也有错，他们有所成就，我即引以为荣；他们奋起，我随之奋起，他们停滞，我也会停滞。

我的心告诫我，教我懂得我提的灯不是为了我，我唱的歌也不是在我胸中谱成。我虽凭借光走路，但我不是光明；我即便是一把上了弦的琵琶，但却不是一个弹奏琵琶的乐师。

我的兄弟啊，我的心告诫我并教育我，你的心在告诫你也在教育你。你我既相似又不同，我们的差别在于我说出了我的心声，我的话有些刺耳，而你则毫不泄露你的心思，你的沉默中包含着一种美德。

■赏析

“我”是空缈宇宙中多么微小的一粒，生命履历中一位匆匆的过客，“我”与所有的生命相依着，离开他们，“我”知道“我”将无法生存。

不要让自己的一生陷入孤寂或傲慢之中，“我”必须要选择生存的脚步，“我的心告诫我”，“我”必须接纳并“扩展”爱，必须“在寂静中侧耳倾听”天籁之声，同时，“我”还要学会关怀、谦卑、宽容和理解，学会在茫茫生命宇宙之中发现美、拣拾美。

你的心“告诫”你了吗？

■兀 鹰

>> （奥地利）卡夫卡

坚持的昨天叫立足；坚持的今天叫进取；坚持的明天才叫成功。

一头兀鹰猛乱地剥啄我的双足，我的靴子以及长袜早已碎成屑片，如今，它又直接啄击我的脚部了。反覆几次的攻击之后，它便围着我绕圈子，然后重新继续啄击。这时，正好有一位绅士经过，他驻足瞥视了半晌，然后问我为何要受此兀鹰啄食之苦。我答道："我是无助的。当这兀鹰飞临，开始袭击时，我曾奋力试图把它驱走，甚至把它绞杀，可是，这畜生太顽强了，几乎扑上来抓啄我的脸孔，我却宁愿牺牲掉我的双足，如今，它们差不多已被撕裂成碎屑了。"绅士说："你不过苦于自己臆造的幻想而已！其实，只消一枪，便可以结束这鹰的性命了。"我不禁尖声嚷道："真的吗？那么，就请你助我一臂之力好吗？"绅士答应说："我很乐意帮忙，但得让我回去把枪取来。你还能支撑一会儿吗？"我在剧痛的昏瞀中，强制着苦楚，挺立了一会儿之后说："我不敢肯定。"须臾，又说："但无论如何，我一定会尽力忍受下去的。"绅士说："好吧，我会尽快赶回来。"就在攀谈当儿，那头兀鹰在一旁悄然倾听着，双目紧紧在我和那绅士的身上转来转去。我知道它对这一切一目了然；蓦地，它拔身冲起，向后拉得远远的，以图获得更大的冲力，然后仿如一根标枪，将它的利喙疾然掷向我的喉头，深深的插入，我颓然扑倒，但仍感到安慰的是：它亦已无可挽救地淹毙在血泊之中，我的血注满每一深处，流遍每一滩岸。

■赏 析

这“兀鹰”是不是“我”心中怯懦的暗影?

它吞噬着“我”的肉体，不断地扼杀着“我”前进的脚步，“它的利喙”胁迫着我的呼吸。此时，“我宁愿牺牲掉我的双脚”，但我必须保住我的性命，哪怕苟延残喘一会儿，我就心满意足了。

谁能驱散这“顽强”的恶魔?依靠别人的帮助，最终“我”将死得更加迅速。还是举起自己的猎枪吧，因为，这恶魔就兀立于你自己的心头……

秋

>> （法国）马拉美

我喜欢活着，而且深深地喜欢能在我心里充满着这样多的喜欢！

自从玛丽亚离开我到另外一个星宿中去——哪一个星宿，猎户星、牵牛星，或者是你吗，绿色的太白星？我时常有寂寞之感。我孤独地和我的猫度过了多少漫长的岁月啊！我说“孤独地”，意思是没有物质的存在物；我的猫是一个神秘的伴侣，一个精灵。因此，我可以说，我孤独地和我的猫，和一个拉丁衰亡时代的最后作家，度过了许多漫长的岁月。

自从这个白色的生物没有了以后，很奇怪而特别地，我所喜爱的一切都可以概括在“衰落”这两个字里。所以，就一年来说，我喜爱的季节是夏天最后几个憔悴的日子，正当秋季开始以前。就一日来说，我挑选了出门散步的时间是太阳落山之前，当黄铜色的光照在灰色的墙上，紫铜色的光照在玻璃上的时候。同样，在文学上，我的精神所以去寻求悲哀的娱乐的，也将是罗马末期的那些苦闷的诗歌，只要是那些还没有透露出野蛮民族已走近来使它返老还童的征兆，也还没有呀呀学语，在开始第一篇基督教散文的幼稚的拉丁文作品。

我一边读着这些诗歌（它的色泽，对于我是比青年的肌肉更有魅力)，一边把一只手抚摸着这个纯洁的动物的皮毛。这时，在我窗下，低沉而哀怨地响起了一架手风琴。手风琴在白杨树下漫长的人行道上响起，这些白杨树的叶子，自从丧烛伴着玛丽亚最后一次经过之后，即使在夏天，我也觉得他们萎黄了。有些乐器是很悲哀的，不错，钢琴，却使我在朦胧的回忆中，耽于绝望的梦想。现在，它正在悠扬地奏起一支愉快的俗曲，一支能使乡下人心里快乐起来的陈旧熟腻的调子，它的繁音促节却引得我悠然入梦，并且使我下泪，像一曲浪漫的民谣一样，你这是从哪里来的魔力啊？我慢慢地领受着它，我不敢丢一个铜子到窗外去，惟恐一动之后，就会发现这个乐器不是在为自己歌唱。

■赏析

你为什么“喜欢夏天最后几个憔悴的日子”？你为什么把自己深深地陷入那段“悲哀的乐器”之中呢？

悲壮、凄凉、苦闷。——这是一个诗人的秋天呵！

昔日“朦胧的回忆”，那段与“玛丽亚”共处的时光，都随着秋天衰败的叶子一起飘逝了，但你还有那一点点对生活的依恋，对生活的爱，你在那些诗歌之中拣拾生活的力量，在低缓的乐器之中轻轻抓住昔日的韶光。

挺起胸吧，诗人，度过今夜，明朝就会给你捧出一轮春天的太阳！

少女们的面容

>> （法国）米修

天籁和萧音正把我演奏成一切深感透明的音符。我感到世界离我很近，仿佛伸手可及，我是如此深爱这世界，她让我痴迷，也让我宁静。

少女美妙的国度：好国度！那该是曾经好好活过的国度。人种在那里化为杰作：颇不简单的事啊！

少女的面容上标明了她们从中出生、从中长大的文化。

少女们的面容，我第一次看见，在香港，在广州。奇迹似的面容，中国仿佛永远保有二八佳龄。自初梦中醒来，在那么多世纪之后，依然如此鲜妍无双。花的灵魂，鱼的灵魂，脚踏实地却又天真信赖，深深自矜却又任情欢笑，啊你曾令我心悦诚服！少女、中国、美、文化……穿过这我领悟了一切，一切以及我自己。

从此我以另一眼光来看世界。

赏析

“少女、中国、美、文化……”

这是一个“二八佳龄”的国度，这是一个传统文化与美有机结合、渗透的国度。从那些少女脸上，你领略到了自然之美，灵魂之美。她横亘古今，且“鲜妍无双”，她“脚踏实地却又天真信赖”，

“深深自矜却又传情欢笑”，“人种在那里化为杰作”，自然之美与人文之美在这里延伸，并永不衰竭！

“少女、中国、美、文化……”。

熟悉的陌生人

>> 王龙灵

因为陌生，我们都很轻松自在；因为陌生，我们没有必要伪装掩饰自己。

对周围的事物我们也许是注意的，但是，有些已经习惯了的无论什么事实突然消失和出现却无法预料。比方说我每天早晨上班途中常见的——也可说注意——那个衣着整洁的女人。

3年后，无论天气怎样她总是早晨8点左右到公共汽车站候车。下雪天，穿着沉重的靴子围着羊毛围巾。夏天，一套整洁的棉布连衣裙，草帽紧靠眼镜上面。显然是个诚实、可靠、有能力的女工作人员。

当然，我所回忆的这些只是在她走后。当时我就希望每天早晨都能见到她，可以说是怀念她。

没见到她很自然地有些幻想，是出事了吗？是生病了吗？

我开始认识到邂逅这些熟悉的陌生人是每天生活的重要组成部分；每天下午三点钟拄着拐杖走的那个陌生人；黎明准时由约克镇来的那个女人；图书馆里那对漂亮的孪生兄弟。

这些人是我们生活画面的重要标志，是他们增强了我们对地点联想的判断力。

想想看，如果我们上班时能记住途经的某个建筑物，遇见一个熟悉而不知其名的人的地点为什么会记忆不住呢？

毕竟，如果你看见了一些没见过不熟悉的旅游者，当时你能说那个熟悉的街头漫步着的人或者那个买东西的人不是我们这个城镇的居民吗?

长期以来我就猜测某些人是移民：那个熟悉的陌生人。那个每天送你上班的公共汽车司机。那个每天送孩子上学的母亲。

有时我想：在别人眼里我也是个熟悉的陌生人?

也许那个每星期六到超级市场买东西的人会和我不期而遇。或者那个杂货店会计如果没见我去吃早餐可能会惦记我。

有时你可能真会结识这种熟悉的陌生人。几个月前我去咖啡店买咖啡，有个女人向我打招呼说：“你认识我吗?”我想起她是个多次找我看病的病人。我们虽然都没有互通姓名还是随便闲聊了一阵。

说到这里，我回忆起熟悉的陌生人有多重要。有次，我长期休假后从空港开车回家好像迷失了归途。当时，我忽然看见了那位戴绿色便帽，穿苏格兰粗呢夹克，在我家附近见过不下千次的先生。

这位熟悉的陌生人的出现，我猜想啊，我终于回到家了。

■赏析

一方热土，一方亲情。

当纷攘的市声穿过这个街道的上空，当繁忙的脚步疲命于生活的途中，你可否在意过你身边那小小的一景：“那个每天送你上班的公共汽车司机，那个每天送孩子上学的母亲”，还有，“那个衣着整洁的女人”……

正是这些“熟悉的陌生人”，填补了你生命寂寞的空间，丰富了这个世界的精彩，使你于温馨之中，找到回家的门。

■ 冬心的颤动

>> （法国）马拉美

是啊！就这样在这些熟悉的气氛与气味之间过完我的一生吧。让我们从复杂曲折的世界里脱身，一起把这样的夜晚献给那极明净又极单纯的绘画吧。

这座撒克斯的钟，运转慢，又打十三点，在花儿与神之前，是谁的钟呢？你想想，从前它长途跋涉，是用驿车从撒克斯运来的。

（奇特的影子悬挂在破旧的玻璃窗上。）

还是你威尼斯的镜子，深如寒泉，四边镀着吞婴蛇的纹章，镀金层已经退色，是谁曾在镜中顾影呢？啊！我确知不止一位女子把她美貌的罪孽映在这水中；如果我久久凝视，也许会看见一个个裸体的幽灵。

——“坏家伙，你老说这种混帐话。”

（我看见大扇窗上结着蜘蛛网。）

我们的柜子也是很旧的：你看这火花映红了它凄惨的木材；变淡的帘幕和它同样久远，已无脂痕的椅上的绒绣，墙上的画幅，以及一切破旧的用具；难道你不觉得，连梅花雀和青鸟，也随着时间的流逝而失去光泽？

（你别去想宽广的窗扇上颤动的蛛网。）

这一切你都喜爱，这就是为什么我能生活在你身边，我的怀古恋旧的姐妹，你不是希望过在我的诗篇中出现这样的字眼吗，《旧事物的优美》？你对新事物不感兴趣；这些东西胆敢大叫大喊，对于你来说，你也害怕，你觉得务必把它们用旧，但这对于不喜爱行动的人很难做得到。

来吧，你把德国的老皇历合上吧，你细心阅读，津津有味，虽然一百多年以前印的书里提到的国王一个个都死了；而我，睡在古老的地毯上，头儿倚在退色衣袍中你仁慈的膝盖间，安静的孩子啊，我要向你唠叨几个小时；田园已成过去，街上空无人烟，我将和你谈谈我们的陈设……怎么你分心了？

（广宽的窗户上挂着颤动的蜘蛛网。）

■赏析

到处是时间的尸体，到处是“结满蜘蛛网”的沉重的回忆。

那些昔日的光泽艳丽，那些昔日的美貌、华贵，依稀还在眼前，然而，时间却打碎了一颗“颤动”的心。

是的，所有的历史都是过眼烟云，而这些“烟云”曾凝聚成暴风骤雨或细雨甘露泼洒人间，我们这些食人间烟火的精灵，是不是需要它们，并将它们溶入我们的生活，延续成一个新的历史驿站呢？

■忆

>> （法国）罗曼·罗兰

空山是空，以灵为性。空山不空，空的是心。甜蜜的回忆，亲切的容貌，宛如谐音悠悠的旋律，不时萦回在你的心头，而在那昔日的经历中，纵有名邑大川、梦中风光，纵有恋人倩影，却怎么也比不上童年漫步时留在幼小的心灵上那深深的记忆。

岁月悠悠，人生长河中开始浮起回忆的岛屿。最初是一些隐隐约约的小岛，那是露出于水面之上的几块零星的岩石。接着，又有新的岛屿开始在阳光下闪耀。茫茫时日，在伟大而单调的摆动中沉浮回转，令人难以辨认，但渐渐地终于显出一连串时而喜悦时而忧伤的首尾相衔的岁月，即便有时中断，无数往事却仍能越过它们而连接在一起……

甜蜜的回忆，亲切的容貌，宛如谐音悠悠的旋律，不时萦回在你的心头，而在那昔日的经历中，纵有名邑大川、梦中风光，纵有恋人倩影，却怎么也比不上童年漫步时留在幼小的心灵上那深深的记忆，也比不上把小嘴贴在冰冷的窗上透过嘘满水气的玻璃所看到的一角庭院那样叫人难忘。

■赏析

这漫长而悠远的回忆呵，撞击着多少孤寂的心。回望时光的背影，拣拾起那些昔日破碎的经历，亲爱的朋友啊，有什么能比得上

“童年漫步时留在幼小的心灵上那深深的记忆”？有什么能比得上那纯真的烂漫和无邪的天真？

时光如梭，生活如织。生命在岁月的磨砺之下日渐衰竭、破损，试想：有多少人丢弃了自己的童心？有多少人把自己的头颅埋进很深的暗谷？

生命的沦丧是不是思想的沦丧？

难道仅仅靠一点回忆来获取慰藉？

了不起的行为

>> （英国）约翰·伯恩特

只见到铜币，见不到爱。记着，不要上铜币的当，要寻找珍爱。

那是1957年的一天，作曲家约翰尼·默瑟接到一封信，写信人名叫萨迪·维姆丝蒂，是俄亥俄州扬斯敦城的一位卖化妆品的孀居老奶奶。她建议默瑟写一首歌，歌名叫《当你心碎时，我愿在你身旁拾捡那些碎片》。五年后，默瑟和她取得联系，说他已经写好了这首歌，并将由托尼·贝内特录制。今天，在每张《我愿在你身旁》唱片的标签上，你都会看到，词曲的创作由约翰尼·默瑟和萨迪·维姆丝蒂共同分享。版税也是五五分成。为此，维姆丝蒂和她的继承人获利十多万美元。在我看来，默瑟的慷慨是个了不起的行为。

所谓“了不起的行为”，我认为就是足以使任何世俗之举相形见绌的高尚行为。比如，亚历山大·汉密尔顿在决斗中故意把枪瞄准得高些，朝艾伦·伯尔头顶上方开枪，把死亡留给自己，是个好样儿的。本杰明·古根海姆在“泰坦尼克号”上的表现也是可圈可点的，他把自己的救生衣让给了一位女乘客，然后系上白色领结，穿好燕尾服，这样，他便可以“像个绅士般”从容赴死。

也是那个1912年，在罗伯特·斯科特那次注定要倒霉的南极探险中，劳伦斯·奥茨船长被冻坏了腿。为了不耽误同伴们从极地舍命往回跋涉，一天晚上，他走到帐蓬口，留下话：“我出去一下，可能要一阵子。”随即在暴风雪中走向死神，不用说这是个了不起的举动。

舞台上演出不能中断这一传统，造就了可钦可佩的事迹。凯瑟琳·赫本和奥森·威尔斯都是坐着轮椅上台。在《国王与我》一剧的连续演出中，格特普德·劳伦斯身患癌症，生命垂危，却只字未提。在她接连几场演出没有上台后，舞台监督给她的律师去信，说她在装病。他们扬言，照此下去，就扣除她那份演出收入。信是星期一到的，而劳伦斯在上周末就已离开了人世。

在一次正式的英国茶会上，作家劳伦斯·豪斯曼脱下了外衣，这样，那位只穿了衬衫到场的男子便不会感到难堪了。此举是另一种令人称道的行为，却也名副其实。

甚至纯朴优良的体育风范也堪称了不起的行为。网球选手马茨·维兰德在1982年法国网球公开赛半决赛中的表现就是如此。在比赛末，对手的一个击球被判出界，维兰德走到裁判面前说："我不能这样赢，那是个好球。"那个球重赛，维兰德赢得堂堂正正。

■赏析

仔细审视一下我们的周围，有多少类似这样的"了不起的行为"。它构筑了我们这个世界的和谐、温暖和完美。这更是人性的完美，置身于这么一个地球上，彼此之间如果缺乏了真诚和友善，那人类该是什么样子呢？

以平等的理念善待别人，以真诚的话语温暖他人，以牺牲自我的举止关爱他人，能做到这几点儿，你就是个"了不起"的人。

慰 藉

>> （英国）史密斯

生活，事业，人的一切都需要一种激情，就像一阵风吹落倦怠的尘，露出它们内部的光。

有那么一天，我神情沮丧地坐在地铁里，为了振奋一下精神，我就默想起人间的种种乐事。可是，竟没有一件能打动我的心，无论是美酒、友谊、吃喝、恋爱或是道德感都一样。既然这个世界只能为我提供如此平庸的一切，我又何必坐上电梯回到它那里去呢！

于是，我想到了读书——那美好而微妙的读书的喜悦。啊，这就够了，这不随年龄而稍为减色的乐趣，这谁也不会责备的、高雅的癖好，这自得其乐的、宁静的、毕生的陶醉。

赏析

人生在世，有什么会带给你一生的慰藉？是“美酒”？是“友谊”？是“吃喝”？是“恋爱”？还是……

“如此平庸的一切”，这短暂的愉悦和欢喜，但无论如何，它们都将随着岁月的流逝而流逝，都将随着生命的衰竭而枯萎。

唯有“那美好而微妙的读书”，不断在充实和填补着我们自己，叫我们面对世界的头颅愈抬愈高，给我们带来“自得其乐的、宁静的、毕生的陶醉”！

梦

>> （英国）普里斯特利

梦境中的一切，不管是愚蠢还是明智，是可怖还是可爱，毕竟是人生经历的宴席上添加的一道菜，是夜帘垂下以后多赐给的一份奖赏，是别致地从生活这块面包上切下来的薄片儿。

我不时作一些噩梦，然而噩梦却不足以抵消我从梦境中所得到的喜悦。首先，我向往作梦，向往着就寝以后静静地躺在床上，然后借助某种奇异的魔力，悠然进入另外一种境界。我小的时候就不能理解大人们对于作梦为什么无动于衷，而对于任何节日却异常高兴。至今我对此依然感到困惑。有些人说他们从不作梦，他们对谈论梦也毫无兴致，这使我备感迷惘。这比他们说他们从来就不出门散步更使我惊讶。多数人——或至少是多数西欧人——似乎并不把梦当作自己生活的一部分，他们似乎把作梦看成是一种令人不快的小癖，类似打喷嚏，打呵欠。我真是百思而不得其解。我的梦境生活，如果仅仅就其时间相对短暂而言，的确不如我的醒后生活重要，但它对于我来说，毕竟还是重要的，就仿佛世界起码平添了两个大陆，在午夜与早餐之间的任何时刻里，我都可以在那儿风驰电掣般地旅游。所以，梦境生活虽然在许多方面使人感到离奇、迷惑和不满足，却也自有它的长处。死者就在梦境之中，有说有笑。往事历历其中，虽有时支离破碎，混乱不堪，但偶尔又像雏菊那样地新鲜。而且，如同邓恩先生所讲，未来也许在梦境之中，正在那儿向我们眨眼示意。梦境生活也常被不可思议的重重焦虑投下阴影，例如梦境中遇到这样的情况：行李变得不可收拾，火车拒不让人攀登；人和景都不像醒时那样可靠，以致布朗和史密斯混成一个人，而罗宾逊却分裂成两人，以致浴室门外竟有茂密的树林，而餐室不知怎么又成了剧院包厢的一角；梦境里也有孤寂凄凉和阴森恐怖的时刻，比起我们在阳光下的所见所闻更为悲凉。然而，这另一种生活却自有一番情趣，令人喜悦，使人欣慰，且偶尔伴以一种宁静的抑郁或猝发的激情，仿如瞥见了我们在睁着眼睛时无论如何也看不到的另一种境界。梦境中的一切，不管是愚蠢还是明智，是可怖还是可爱，毕竟是人生经历的宴席上添加的一道菜，是夜帘垂下以后多赐给的一份奖赏，是别致地从生活这块面包上切下来的薄片儿。我以为我们对此要着实感激不尽。只不过是个梦而已！为什么“而已”呢？梦既存在过，而且你也作过梦。“假若有人出售梦，”贝道斯问道，“你想买什么样的呢？”我难以立刻回答，但确凿无疑的是，我想买的肯定比我能买得起的还要多。

■ 赏 析

大睁着两眼，在混沌的世间疲命地奔跑，看惯了人间万象世态炎凉，多想置身于那宁静而又怪异的梦中，寻找另“一番情趣”另一种景致。

这“夜帘垂下之后多赐给的一份奖赏，”“令人喜悦，使人欣慰，且偶尔伴以一种宁静的抑郁或猝发的激情”，尽管这其中也有“孤寂凄凉”和“阴森恐怖”，但它毕竟是脱离凡世之后的“另外一种境界”另外一种心跳。是“人生经历的宴席上添加的一道菜”。

还不闭上眼睛，快快进入梦境？

老人和太阳

>> （西班牙）阿莱桑德雷

珍爱生命，就像是用泉水去浸泡萝卜干，无论是哪一种形式的浸泡，都会让人看见生命恢复原状的过程，一种世间最耐人寻味的过程，一粒种子到开放花朵的过程。

他已经活了很久。

他靠在那里，老态龙钟，靠着一根树干，一根极粗的树干，在迟暮，在夕阳下山的时候。

那时刻，我正好路过，便停下脚步，把他端详。

他老了，满脸皱纹，那双眼睛暗淡甚于忧伤。

他靠着树干，阳光先朝他移来，轻轻吞噬着他的双脚。

在那儿，他蜷缩着，停留了片刻。

然后上升，把他沉浸，把他淹没，

缓缓地从他那儿移开，把他和自己的美丽光芒合成一体。

啊，年老的生命，年老的存在，他在溶解！

整个的火，悲哀的历史，皱纹的残余，受侵蚀的皮肤的痛苦，正怎样地啃啮自己，毁掉自己！

像毁灭性洪流中的一块岩石正在渐渐销蚀。

向最响亮的爱屈服。

老人就这样，在那静寂之中，慢慢消失，慢慢退隐。

我目睹着强大的太阳怀着深深的爱恋慢慢把他吞下，叫他长眠。

就这样一点一点把他带走，就这样在自己的光芒中一点一点把他溶解。

像一个妈妈把自己的孩子温柔地重又抱在怀中。

我路过，我亲眼看见了他。可有时候我只看见一点最微妙的残余。几乎不是生命的最微细的痕迹。

留下的只是这个，当那深情可爱的老人
成了光芒，像世间其他无形的东西
随着夕阳的余辉无比缓慢地离去。

赏析

是的，“我只看见一点最微妙的残余”，看到生命衰竭的某一段过程。只看见精美的死亡的颜色，没有看见永生。

“那深情可爱的老人”，被“强大的太阳”慢慢吞下，他“化成了光芒”——永恒的生命的光芒！“随着夕阳的余辉无比缓慢地离去”，但生命的痕迹你永远无法抹去，那深深的生命之爱永远普照大地！

往昔之城

>> （黎巴嫩）纪伯伦

蓦然回首，青春已逝，而生命的华彩乐章却正在奏响。

人生携我伫立在青春的山坡上，并示意我向后张望。于是我见到一座城市，奇形怪状，坐落在一片原野上。那原野香雾空□，紫霭升腾，天光云影，一片奇景。

我问：“那是什么地方呀，人生？”

她说：“你仔细瞧瞧吧！那就是往昔之城。”

我仔细地观看，于是我看见：

行动学院坐落在那里毫无动静，好像一些巨人沉睡不醒；言语寺院的周围游荡着一群魂灵，他们时而绝望地呼喊，时而又像希望在歌咏；宗教的庙宇，是信仰把它们建起，怀疑又把它们夷为平地；思想的尖塔高耸向天宇，好像一群乞丐的手向天上伸去；兴趣的街道伸向四方，犹如河水在山谷中流淌；机密的仓库由隐匿看守，然而却遭到探询的盗贼窃取；进取的城堡，由勇敢建成，却毁在畏惧手中；梦想的大厦，夜晚把它修饰得壮丽无比，清醒却使它变为一片废墟；渺小的茅屋，是软弱在里面居住；孤独的大礼拜寺中，伫立的是自我牺牲；知识的俱乐部里，智慧让灯烛辉煌，愚昧却使它暗淡无光；爱情的酒馆中，情人喝得大醉，空下来时却又让他们不禁惭愧。人生的舞台上，生活在演出一幕幕的戏，然后死神来临，结束了这些悲剧。

这就是往昔之城，时现时隐，既远又近。

人生在我的面前，说道："随我走吧！我们已经站了好长时间。"我问："到哪里去，人生？"她说："到未来之城。"我说："请等一等！我已经累得寸步难行。岩石磨破了我的双脚，艰难险阻使我筋疲力尽。"她说："要向前进！停止不前就是胆小、怯阵，只回顾往昔之城就是愚昧、蠢笨。"

■赏析

回过头去，看看那座"往昔之城"。

它就坐落于我们心灵的原野之上，"紫霭升腾，天光云影，一片奇景。"

它正在"人生舞台上"上演"一幕幕的戏"，有旖旎之景，美仑美奂之情，有痛楚的泪水，欣喜的笑容；有市井百态，人间百味……"时现时隐，既远又近。"

人生何苦要留恋"往昔之城"？还是把忧愁抛掉，把"愚昧、蠢笨"抛掉，迈开大步，跨进"未来之城"！

无边苍茫

开　端

>> （印度）泰戈尔

你的温柔娇嫩，像花一般的盛开在我青春焕发的四肢上，仿佛是日出前天空里的霞光。

“我是从哪儿来的，你在哪儿把我捡来的？”婴儿问他的母亲。

母亲把婴儿紧紧抱在怀里，又是哭又是笑地答道：

“我的心肝，你是我藏在我心里的心愿。”

“你存在于我童年游戏的泥娃娃之中，每天早晨我用泥土塑我的神像，那时我就把你塑了又毁了。”

“你同我们的家神一起供在神龛里，我礼拜家神时也礼拜了你。”

“你曾经生活在我的一切希望和爱情里，你曾经生活在我的生命和我母亲的生命里。”

“你已经在主宰我们家庭的、不灭的神灵的怀抱里，养育了好几个世代了。”

“我是个姑娘的时候，我的心展开了它的花瓣，而你像馥郁的香气缭绕在它的周围。”

“你的温柔娇嫩，像花一般的盛开在我青春焕发的四肢上，仿佛是日出前天空里的霞光。”

“天堂的第一个心肝宝贝，晨曦的孪生兄弟。你在世界的生命之流里顺流而下，终于停泊在我的心头了。”

“当我端详着你的脸蛋时，神秘奥妙之感把我压倒了；原是属于大家的你，竟变成是我的了。”

“生怕失掉你，我把你紧紧抱在怀里。是什么魔法，使你这世界的珍宝，落到了我纤细手臂的怀抱里?”

■赏 析

所有的一切都有自己的开端。她是多么“温柔娇嫩”，她是多么“神秘奥妙”，她的美丽，足以使她容易失掉！

但所有的一切又都没有自己的开端，她早就生活在“我的童年”、“我的希望和爱情里”，她早就生活在“我的生命和我母亲的生命里。”她是生命的延续，她是有形又是无形的，她是所有生命的一部分，她是……

她到底是谁呢?

——她就是爱。

■ 爱情和死亡

>> （瑞典）拉格克维斯特

情海是苦海，没有人敢与你同溺，也没有人能救你。

一个夜晚，我和我的恋人在街上漫步。我们走过一幢阴郁的房屋时，门骤然打开，一个爱神从黑暗中跨出一条腿。这并不是寻常的爱神，而是一个高大汉子，他长得笨重而强悍。浑身是毛，活像远古时代的射手。他站在那里，拉紧那把粗糙的弓，瞄准我。他射出一支箭，箭击中我的胸部，随后他收回那条腿，关上阴郁而黑暗的城堡似的门。我倒在地上，我的爱人继续前行。我以为她发现了我倒在地上，如果她发现的话，一定会停住脚步照料我，因为她继续在走，我才明白她并没有注意到我倒在地上。我的血顺着路旁水沟追逐了她一阵，但是，当它流尽时，便停止了追赶。

■ 赏析

“我”在竭力“追逐”爱情，“我”在竭力挽住“恋人”之手，但“我”不能，“我”最终倒下了，“爱神”那么无情地夺走了“我”的爱，泯灭了一颗至爱之心。

在“死亡”面前，“爱情”显得多么无助和悲凉，如何能让爱浸润我们的一生？如何能紧紧握住爱的允诺，轻松地躲过“爱神”的袭击？

朋友，你说呢？

一滴水

>> （英国）拉加托斯

一滴水，也许是快乐得发狂的一滴泪；不然，就是痛苦得哭出声来的一滴泪。

这一滴水也许是尼格拉瀑布的一部分，它也许曾经有过显赫的奇迹呢。

也许只是脸盆里的一个肥皂泡，但它却有洗净劳动者污垢的功效。

也许给放到威士忌酒里去，成为天才家所梦想不到的欢乐的对象。

再也许是一滴圣水，洒在新生的婴儿身上，祝福他的长命。

也许这一滴水，你把它烧开，是给伯母玛丽喝的茶。茶的味儿非常香，很能赢得她的喜欢。她也许把你的缺点都忘掉了，马上唤她的律师来，正式承认你做她的继承人呢！

这一滴水也许是脸上的汗，所以也会蕴含有劳动、烦恼甚至痛苦的意思。

也许是你爱人唇上表示愉快和舒服的东西。

也许只是天上落下来的一滴雨。

也许是快乐得发狂的一滴泪；不然，就是痛苦得哭出声来的一滴泪。

一滴水而已……麻雀喝了，使它得到片刻的精神安慰。可是一下子，麻雀会忘记了的。

再也许，只是花丛里的一小滴露水，被花的小口吸进去之后，这花便给一个可爱的小姑娘采去了，做了香水，洒在身上，这水就成为她的爱人迷惑地追求她的东西。

你别小看了它。它，一滴水，本身简直就是宇宙的缩影。

■ 赏析

“一滴水”的魅力不仅仅在“一滴水”本身。她是爱的凝结，是轻轻坠落于生活之中的一滴甘露，是“宇宙的缩影。”

一滴水能够创造奇迹，一滴水能够化解烦恼，一滴水能够使你“得到片刻的精神安慰”，一滴水能够载你驶入爱的彼岸……

一滴水就是你心中突突窜动的那团火苗，她燃烧着，永不停息……

■ 宛如月光

>> （法国）普鲁斯特

我非常感谢你的谎言。它让我生命的最后一夜过得如此美妙幸福；它让我生命的枯木重新燃起了青春的活力。

夜幕早已降临，我朝我的房间走去。此刻，我沉浸在黑暗中，再也看不见天空、田野，看不见大海在阳光下熠熠闪光，我感到不安。然而，当我推开门，却发现室内一片光亮，仿佛沐浴着落日余晖。透过窗子，我看到了房舍、田野和大海，现确切地说，我好像“在梦里重见了”它们。与其说温柔的明月向我展示了这些景物，不如说是它把这一切在我心中唤醒。微白的月光泻在这些景物上，并未驱散越来越浓像是随意蒙在它们的轮廓上的夜色。我久久伫立，在庭院里寻觅纷纭诸事的沉默、模糊、欣喜和愁惨的回忆。白天，这纷纭的诸事用它们的呼叫、声响或喧嚣曾给我以快乐或痛苦。

爱情已经泯灭，开始忘却之际，我感到恐惧；但一旦平静，只略微有些忧伤。我所有逝去了的幸福和业已愈合的悲伤宛如这月光一般，近在咫尺而又遥远模糊，它们凝视着我，沉默不语。它们的缄默激起了我的柔情，而它们的远离和微茫的淡影又使我沉醉于凄愁和诗意中。我无法停止凝望这内心里渗出的月光。

■ 赏 析

这是诗人心灵深处的独语。

经历了“纷纭的诸事”侵袭之后，独自伫立于“庭院”之中，伫立于深沉而凝重的黑暗之中，让“内心里渗出的月光”驱散白天里诸多的“呼叫、声响或喧嚣”，让“微白的”心灵的月光抚慰并愈合自己的悲伤。

看呵，诗人又重新找到了自己真实的影子，重新找到了这“微茫”中的温馨和“缄默”中的“柔情”……

智　慧

>> 齐·莫尔根

只有套马杆，没有智慧，怎么会有套住太阳和月亮的本领。

蒙古包在篝火旁沉思，奔腾的马蹄从来就没有在草原上停一停。

祖父临终前对我说过：孩子，你要牢牢记住，套马杆再长也套不住天上的星星。

摇篮里的明天还在做套马的梦。年轻的妈妈哟，不要心疼，快把他从那古老的梦中推醒。

只有套马杆，没有智慧，怎么会有套住太阳和月亮的本领。

把手弄脏

我所认识的真正快乐的人，大部分都经常把手弄脏。他们或好园艺、或擅烹饪、或长于修理家具，所接触的都是基本材料，具有生命气息，而不是让人无法体验触觉刺激的预制物件。

我父亲是市场销售顾问，他在工作坊建造红木小艇的时候，是他最快乐的时光。每次我们在湖上划这小艇，总有人来问我们可愿意把小艇出售。父亲总共花了 3 年时间建筑小艇，还亲手编制藤椅、建桃木栏杆。假如他买一艘现成的铝制小船，只需花费 600 美元和不过 3 分钟时间，更无须费神维修藤器，不过他也没可能像今天这么快乐。

赏 析

富有幻想和哲理，是散文的脉络所在。

倘若娇柔做作，故弄玄虚，咿咿呀呀，不知所云，此类散文，无异于商场里随意赠送的精致的广告。

散文的魅力决不仅仅取决于语言本身，更多的，取决于她的意境，而这意境之中，又透射出多么深刻的哲理和奇妙的幻想。

不信？那就耐心地读读这两则小品。

■ 年轻的母亲

>> （法国）瓦雷里

我也找到了做母亲的感觉，母亲是历史雕塑的，母亲是一个文化栅栏里美丽的囚徒，谁都无法描述母亲的完整，谁也无法遣责母亲的缺欠。

这一年中最佳季节的午后，像一只熟意毕露的橘子一样的丰满。

全盛的园子，光，生命，慢慢的经过它们本性的完成期。我们简直说，一切的东西，从原始起，所作所为，无非是完成这个刹那的光辉而已。幸福像太阳一样的看得见。

年轻的母亲从她手里小孩的面颊上闻出了她自己本质的最纯粹的气息。她拢紧他，为的要使他永远是她自己。

她抱紧她所成就的东西。她忘怀，她乐意耽溺，因为她仿佛重新发现了自己，重新找到了自己，从轻柔的接触这个鲜嫩醉人的肌肤上。她的素手徒然捏紧她所结成的果子，她觉得全然纯洁，觉得像一个圆满的处女。

她恍惚的目光抚摩树叶、花朵，以及世界的灿烂的全体。

她像一个哲人，像一个天然的贤人，找到了自己的理想。

她怀疑宇宙的中心是否在她的心里，或在这颗小小的心里——这颗心正在她臂弯里跳动，将来也要来成就一切的生命。

■ 赏 析

掩卷凝视，眼前便倏然呈现一幅恬静，深邃而温暖的油墨画来：母亲拢紧她的孩子，她的素手捏着“她所结成的果子”，她在凝望这个“世界的灿烂的全体”……

多么纯真而沉静的母爱呵，她成就了属于她的生命，她创造了属于她的奇迹，无限的幸福和期冀汇集在她的眸中，她又“重新找到了自己”。

多么伟大而又平凡的母爱呵……

■ 心灵感悟（三题）

>> 〔丹麦〕 克尔恺戈尔

人，既要承担生活的磨难，又要享受生活赐予的幸福。

生　活

往往是微不足道的捉弄令人生活痛苦异常。我将乐意顶着怒号的狂风，热血沸腾，奋力前行；但是只要一阵和风吹来，将一颗纤尘吹进我的眼睛，就令我烦恼，竟至于裹足不前了。

独　处

衡量一个人的标准是：在多长的时间里，以及在怎样的层次上他能够甘于寂寞，与需得到他人的理解。

能够毕生忍受孤独的人，能够在孤独中决定永恒之意义的人，距离孩提时代以及代表人类动物性的社会最远。

生活的真谛

上帝问三个凡人：你们来到人世间是为了什么呢？

第一个回答：我来这个世界是为了享受生活。

第二个说：我来这个世界是为了承受痛苦。

第三个答道：我既要承担生活给我的磨难，又要享受生活赐予我的幸福。

上帝给前两个打了50分，给第三个100分。

■赏 析

对生命真切的感悟是每一个人永恒的话题。

于逆境中奋进，于孤独中“决定永恒”，于磨难中享受生活赐予的幸福，这才是人生价值的真正体验，才能“距离孩提时代以及代表人类动物性的社会最远”。

因安谧，舒适或一点点的荣耀就“裹足不前”，因得不到他人的理解而郁郁寡欢，因不敢“承担生活的磨难”而碌碌无为，这样的人生，还能有什么精彩可言？

想一想，上帝会给你打多少分呢？

■窗 户

>> （法国）波德莱尔

没有任何东西比一扇被烛光照亮的窗子更深邃、更神秘、更丰富、更阴郁、更灿烂夺目。

从打开的窗户外面向室内观看的人，决不会像一个从关着的窗户向外面观看的人能见到那么多的事物。没有任何东西比一扇被烛光照亮的窗子更深邃、更神秘、更丰富、更阴郁、更灿烂夺目。在阳光下所能见到的一切往往不及在窗玻璃后面发生的事情那样有趣。在这黑暗的或是光亮的洞穴里，生命在延长，生命在做梦，生命在受苦。

有一座一座起伏的屋顶的那边，我看到一个中看的、已经面有皱纹的贫穷的妇女，老是弯下身子在干些什么，从不出门。从她的面貌，从她的衣着，从她的动作，甚至从她的细微末节，我编造出这位妇女的故事，或者，不如说，她的传奇，有时我噙着眼泪讲给自己听。

如果是个可怜的老汉，我也会很容易编出他的传奇。

于是，我上床睡觉，我能在我自身以外别人身上体验生活和痛苦，我为此感到自豪。

也许你们会对我说："你肯定这个传奇是真实的吗?"这有什么关系，只要它曾帮我生活下去，帮我感到我自己的存在，感到我是什么样的人，我自身以外的任何现实，又有什么重要性呢?

■ 赏析

置身于茫茫人海，在浮躁的市声之间穿梭，让困顿的身子随现实的虚华的节奏起伏，你还能感知到“一扇被烛光照亮的窗子”的“深邃”、“神秘”、“丰富”、“阴郁”吗？

浮夸的世界之上，“真实”是否离我们越来越远？

于平庸、喧闹之中寻找那“一扇窗户”，寻找那一豆感动的灯火，让“生命延长”，让“生命做梦”，让自己看清自己，感受“自己的存在”……

■时光的流逝

>> （智利）米斯特拉尔

自从我们诞生的那一天，时间就是一个不易察觉的背叛的伤口，如同那暗藏着细微裂缝的杯子，一滴滴地滴出我们胸中的血。

奉献出你的劳动成果吧：你的布，你的砖，你的陶罐或你的诗。

今天，除了正在流逝的一刻，你已没有更多的时光。此刻，你只能拥有你的心脏的这几下跳动，拥有你的嘴巴发出的这次呼吸，拥有你的眼睛此刻的光亮。也许，死神已把你的双脚粘进了它那天鹅绒般柔软的蛛网，向上爬，向上爬……

但愿挺立于你头上的死神正在窥探你的这种意识，没有让你束手待毙，而是让你心情激动。人们把你当成一件易碎的器皿，而你的奇迹却正是这种脆弱。某些树木比你的生命长五倍，但给予你的却只有几天美好的时光。

你觉得，此刻你的意识是那么敏锐而冷静；从躯体流向四肢的血液的波动是那样的欢快，一直抵达你那因渴望而颤抖的手指。拿起你的手帕或你的脸盆。

赶快留下一幅你的生命在劳动中的画像吧。除了不知不觉地编织坚固的麻布，在紧紧握住就要砍断的砖块，没有比你的这幅画像更真实的了。画出你那勇敢的表情，你那意志的侧影，画出你的赞美和你的狂热吧。

此刻，别让阳光白白地照着你的脊背；回报你在垄沟前吸吮的那一口充满丰收气息的风吧。回报这一切吧。这是人对万物最好的回赠。它们给予你的暖洋洋的午休和香甜的果实，你让它们在谷地里树起崭新的形象。我清楚，要做永远的回报，就是从不欺骗生活，用一只手索取，用另一只手奉献。古代的骑士就是这样的人；《圣经》里坚强的妇女也是这样的人。她们回报，总是回报！

今天，你从自己的心底说出这句话，你燃烧着热望和宝贵的焦灼。

要做一把你母亲坐的椅子，此刻，你若是木匠。为了让小妹妹睡得安详，你把她的枕头里塞满毛线，许许多多的夜晚，你是个女仆。在你的教室里，为了让你教的知识注入学生的躯体，此刻，你是个老师。逝去的时光，你看，是不是非常美好！

这是一条你的正在滑落的血脉，无论你消耗过还是不曾消耗过。给你留下的已经很小很弱。因为自从我们诞生的那一天，时间就是一个不易察觉的背叛的伤口，如同那暗藏着细微裂缝的杯子，一滴滴地滴出我们胸中的血。你所要做的一切正在急促地敲击着你的胸口，而你却觉察不到了。

■赏析

我们都是时间的俘虏。

我们被时间无情地敲打着，折磨着，这条“正在滑落的血脉”，“给你留下的已经很小很弱”。

但我们只能选择：“向上爬，向上爬……”。

在时间巨大的阴影里，千万不要做一只缰死的蜘蛛。“赶快留下一幅你的生命在劳动中的画像吧。”莫等闲，白了少年头。

抬起头颅，抬起理念和信仰，让我们“回报”，“总是回报！”

■ 谨慎的人

>> （法国）米修

沉默是黄金，但沉默不是永远的黄金。沉默是一种优美的风度，但沉默并不总是优美。这一切，都决定于你的修养，你的人格，你的那一颗只有你自己才知道如何运行的心。

他以为腹部有石灰质沉淀。他每天去诊所。医生说，尿里验不出什么。或者说，他甚至有减钙倾向。或者说，他吸烟过多。或者说，他神经太紧张，需要休息。或者……或者……

他不再去诊所；保留下沉淀。

原则上，石灰质是易碎的，可也不一定。沉淀里边还有碳酸盐、硫酸盐、氯酸盐、高氯酸盐；还有别的什么盐。这并不值得奇怪。本来嘛，既是沉淀，就会什么都包含一点。最麻烦的是：尿道。只要是液体，尿道都可以通过。可是晶体呢，那就比登天还难！此外，也得提防不要呼吸过猛，不要在拚命追赶电车时叫血流过速。一旦沉淀块碎裂，其中一小片化入血液，那可不是玩的——休想再见巴黎了。

在腹部，不知道有多少种血管：主血管、微血管、静脉管、连到心脏的主动脉管，还有其他一些颇为重要的器官。所以弯下腰是极端危险的事。至于骑马，谁还敢去想！

哎，生命里多么需要谨慎。

他常想念到世界上无数体内有沉淀的人；有的有钙质沉淀，有的有铅质沉淀，有的有铁质沉淀。（最近有外科医生从病人心脏里剔出子弹，虽然那人从未打过仗。）那些人以谨慎的步伐前行。人们从他们走路的样子认出他们，笑他们。

而他们前行，小心翼翼地，沉思着，战战兢兢地，沉思那造物的神无底的神秘。

■赏析

他们“战战兢兢的”前行，他们什么也不相信，他们对世间万物都保持着怀疑。

他们并不是没有自己的理论，而那些理论主要来自主观的臆断，他们坚信这些臆断无处不在，并极容易就存在于他们的肢体之中，随时随地就会夺去他们的生命。

他们“以谨慎的步伐前行”，他们“沉思那造物的神无底的神秘”。在自己偏颇的思想的驱使下，他们存在着，并最终“谨慎地”死去。

可怜的人！

三颗桃核

>> （美国）罗·邓肯

幸福同纯真的赤子之心有关系，幸福是一种能从最简单的事物里——譬如说桃核——汲取快乐的能力。

仔细观察一个小孩，随便哪个孩子都行，你会看到，他每天都会发现一两件令他快乐的事情，尽管过一会儿他可能会哭哭啼啼。再看看一个大人，我们中间任何人都行，你会发现，一周复一周，一月又一月，他总是以无可奈何的心情迎接新的一天的到来，以温文尔雅、满不在乎的心情忍受这一天的消逝。确实，大多数人都跟罪人一样苦恼难受，尽管他们太百无聊赖，连罪恶都不犯——也许他们的冷漠就是他们的罪孽。真的，他们难得一笑。如果他们偶尔笑了，我们会认不出他们的容貌，他们的脸会扭曲走样，不再是我们习以为常的固定不变的面具。即使在笑的时候，大人也不会像小孩儿那样，小孩儿用眼睛表示笑意，大人只用嘴唇。这实际上不是笑，只是咧咧嘴，表示一种心情，但跟快乐无关。不过，人人都能发现，人到了一定地步（有谁能解释这是什么地步呢?），成了老人，就又会笑了。

看起来，幸福同纯真的赤子之心有关系，幸福是一种能从最简单的事物里——譬如说桃核——汲取快乐的能力。

幸福显然同成功毫不相干，因为亨利·斯图亚特爵士当然是个十分成功的人。20 年前，他从伦敦来到我们的村子，买了好几座旧房屋，推倒后建了一所大房子。他把这所房子当作度周末的场所。

他是位律师。我们村里的人带着一种几近父辈的骄傲心情追随他那辉煌的业绩。

我记得，大约10年前他被任命为王室法律顾问，阿莫斯和我看见他走下从伦敦开来的火车，便上前去表示祝贺。我们高兴地笑着，而他的表情却跟接到判刑通知一样悲惨，他受封当爵士时也是如此，他甚至不屑于在蓝狐狸酒馆请我们大家喝杯酒。他对待成功就像小孩吃药一样，任何一项成就都未能使他疲惫的眼睛里露出一丝笑意。

他退休以后也常在花园里随便走走，干些轻松的闲活。有一天，我问他一个问题：一个人实现了一切雄心壮志是什么滋味？他低头看着玫瑰花，浇他的水。过一会儿，他说："实现雄心壮志的唯一价值是你发现它们都不值得追求。"他立刻改变话题讨论有实际意义的事情，我们很快谈论起万无一失的天气问题。这是两年前的事。

我想起这件事情，因为昨天我经过他家，把大车停在他花园的院墙外边。我从大路把车赶到他花园外边是为了给一辆公共汽车让路。我坐在车上装烟斗时忽然听见院墙里面传来一声欣喜若狂的欢呼。

我向墙内张望，里面是亨利爵士，他欢蹦乱跳，像在跳部落出征的舞蹈，表现出毫无顾忌的真正的快乐。他发现了我在墙头张望的迷惑不解的面孔，他似乎毫不生气，也不感到窘迫，而是大声呼喊叫我爬过墙去。

"快来看，杰，看呀！我终于成功了！我终于做成功了！"

他站在那里，手里拿着一小盒土。我发现土里有三棵小芽。

"就只有三个！"他眉开眼笑地说。

"三个什么东西？"我问。

"桃核。"他回答道，"我一直想种桃核，从小就想，当时我参加晚会后老把桃核带回家，后来长大成人参加宴会后也这样。我以前常常种桃核，可是过后就忘了我种在什么地方，现在，我总算成功了。还有，我只有三颗桃核。你瞧，一、二、三棵芽。"他数着说。

亨利爵士跑了起来，叫他的妻子来看他的成功之作——他的单纯淳朴的成功之作。

■赏析

试想：也许你是一位富翁，你快乐吗？

试想：也许你一贫如洗，你难道就不快乐吗？

快乐和幸福的定义到底是什么？我认为：是对生命深层的眷恋，是“纯真的赤子之心”。

人的一生都在忙忙碌碌中渡过，在“无可奈何”中“迎接新的一天的到来”，以“固定不变的面具”敷衍着自己的生命，但“面具”之后却始终包藏着一颗“单纯淳朴”之心，“从最简单的事物里……汲取快乐的能力”——这才是“幸福”的真正内涵。

■ 在天堂门口

>> （罗马尼亚）博格扎

朋友，你认识自己的角色吗？你对自己的演出满意吗？你对自己的角色有把握吗？你能坦然无惧地向生命的主宰——这位公义全能的上帝，呈献你一生的演出吗？

“我看这上面登记着你的名字。”圣彼得一边说一边翻着一本厚厚的帐簿。上面记载着人间的种种罪孽。

“是的，圣彼得，”那个来到天堂门口的人低声说道，“我的灵魂罪孽深重。”

“小时候，你不太听父母的话。”

“是不太听话，圣彼得。我是个淘气包。”

“在学校里，你没有用心读书。”

“是不太用心，圣彼得。”

“成年后，你欺骗过七个姑娘，说要娶她们作妻子。”

“是六个，圣彼得。第七个我娶了她。”

“可是你又把她抛弃了。”

“我们俩感情不合，圣彼得。”

“战争中你不太勇敢。”

“是的，圣彼得，在勇敢方面我不能夸口。”。

“你喜欢喝酒。”

“这不假。”

“你还诽谤过人。”

“所有的人背地里都说别人的坏话，圣彼得。”

“啊！我看这里还记载着你杀过一个人。”

“那是无意的。”

“不管有意无意，杀人终究是杀人。告诉我：你凭什么想进天堂？”

“圣彼得，我曾经是个演员。我想告诉你：我从没有在舞台上像别的演员那样朗诵过诗歌。”

“就是说，你没有像种马那样往鼻孔里吸气？”

“没有，圣彼得。”

“你没有把眼睛扬到头顶上去？”

“没有，圣彼得。”

“你也没有咬牙切齿，声嘶力竭？”

“没有，圣彼得。”

“那好，”圣彼得瞅着他，流露出喜出望外的神色，“那好，你可以进去。”

说着，圣彼得取出钥匙，给那人开了天堂的大门。

■赏 析

“在天堂的门口”，圣彼得接纳了这样一个人：他的“灵魂罪孽深重”，他所走过的路简直平庸和卑微得不堪一提，他是如此地荒废着自己的时日，曾犯下那么多无法弥补的过错。但他没有“像种马那样往鼻孔里吸气”，没有趾高气扬地鄙视别人，更没有一颗险恶的心，他毕竟没有丢弃做人的本性，为什么不可以进“天堂的大门”？

评定一个人最起码的标准是：看他是否还有一颗真正的人心！

■墙

>> （英国）兰斯洛特·G·戴维森

如果每一颗幸运星能给人带来幸运，这世界会变得很单调。

尽管布莱尔牧师像往常一样地镇定，可当他被带上警车时仍不免思索这次被突访的原因。今天不是礼拜天，不该是警察局向囚犯提供忏悔的日子。

难道是自己教区的治安出了问题，那些“孩子们”又忘记了他的教诲？不可能！为了让那些无家可归的人也得到上帝的爱怜，几乎每一个圣日，自己都和他们共享主的圣餐。难道又是那些怨妇向警察局告发了她们有外遇的丈夫？不，这也不可能！因为这些年自己定期拜访她们，已经在很大程度上使她们淡漠了被抛弃的感受。更让牧师自豪的是，他事实上已成了她们公共的情人。毕竟多年教士生涯使布莱尔保持了当今已少有的绅士风度。

墙？坐到车上，布莱尔想起了那两个警官向他说明来意时，曾不怀好意地瞄瞄自己身后的那堵墙，嘴上还挂着莫名的微笑。难道……不，不可能！牧师很快否定了自己的想法。

这堵墙是花费了他全部的存款造起来的。不仅防火、防水、防震，甚至防射线探测。这，足以保护……况且，它又和四周结合得如此完美，不经牧师指点，根本没人会想到那后面还有一间暗房。

布莱尔不禁暗怪自己多心了。或许，在昨夜的地震中，又有某个犯人被夺走了生命，正等着他去祈祷。那些可怜的孩子，在天堂洗脱你们的罪恶吧！牧师在心中默念，手下意识地在胸前画了一个优美的十字。

想到这里，牧师不禁思忖起等会儿的祷告了。甚至，他也盘算起了下周去索伦湖度假的行程。眼前仿佛又出现了自已在暖阳中读圣经的情形。

这根本就是一次寻常的访问！布莱尔更坚定了自己的猜测。

警车缓缓驶过街角。牧师很诧异他的后院竟拥挤了那么多荷枪的警察。可当他的目光落在自家的后墙时，布莱尔的脸变得像死灰一样，血液霎时涨满了脸上所有的血管。布莱尔分明看到，那幅数年前自己从德市大教堂窃来的、而今挂在那堵完好无损的隔离墙上的圣母像，正从破损的后墙裂缝中向他露出阳光一般温暖的微笑……

■赏析

这篇不足一千字的短文中，讲述了一个人性恶的故事。教士布莱尔是一位牧师，作为一名神职人员，本应是一个仁慈的、虔诚的、充满爱心的、没有私欲的上帝的代言人，而在牧师布莱尔身上，我们看到的却只是人性的弱点：贪婪、好虚伪。从表面上看，布莱尔尽着一个牧师的职责，他时时教诲那些不安分的上帝的“孩子们”，定期去安慰被丈夫们抛弃的怨妇，甚至每一个圣日，他都让那些无家可归的流浪汉和自己一起共享主的圣餐，他接受罪人的忏悔并为他们祷告，请求上帝原谅他们的罪恶，而在暗地里，在他花费了全部存款建造的那堵墙的后面，却隐藏着他干的见不得人的勾当。

基督教中奉行人性恶的观点，他们认为人活在世上就是要为自己赎罪，只有不断地向上帝忏悔、祈祷，才能洗脱自己的罪责。作为上帝在人间的使者，神职人员是受到人们相当的尊敬和信任的，而作家戴维森却恰恰选定了布莱尔牧师这位上帝的使者来表现人性丑恶的一面，这无疑是对宗教信仰中虚伪的一面，进行的无情批判和嘲笑。尤其是结尾部分布莱尔幻想着“自己在暖阳中读圣经的情形”，和“后墙裂缝中向他露出阳光一般温暖微笑”的圣母像形成的强烈对比，更是一个极大的讽刺。

■ 断章十首

>> （德国）黑塞

人类满怀对幸福的渴望，可他们能承受幸福存在的时间却那么短暂。

成功的果实属于那能爱，能宽恕，能容他人的人，而不属于那热衷于教训别人和专会指手划脚给人下断语的人。

一切艺术都发源于爱，而艺术的价值和内涵则取决于艺术家能爱得多深。

我能理解，一个人在饥饿时不可能像在饱食状态中那样心平气和；但我不同意苦难和贫困会取消道德。

我们只知道一种幸福，那就是爱；只懂得一种道德，那就是信任。

自然界有一万种色彩，而我们为什么总是那么固执地试图把它缩小到二十种呢？

人们花很大力气在研究人类、民族和时代的差异，我想还是让我们更多地关心那些使它们联系起来的事物吧。

能为那片刻的爱，为自己所钟情的姑娘那舒心的微笑而牺牲一辈子，这就是幸福。

年轻人得有点儿个性，不对抗就会陷于消沉。单有好的法规不等于一切。人们首先懂得爱，要满怀激情。我们不想把这个世界搞乱，而是要砸碎人类自己制造的锁链。

人类满怀对幸福的渴望，可他们能承受幸福存在的时间却那么短暂。

爱，意味着拯救。

■赏析

让我们再次仰视天穹，去揣摩生命深层的意义，去接纳爱感知爱吧！

很难想象，缺乏爱的世界会是个什么模样；很难想象，失去幸福和爱，我们生命的孤舟会驶入什么方向？

那些“热衷于教训别人和专会指手划脚给人下断语的人”，他们的灵魂早已脱离了爱的阳光。

让我们用宽阔的胸襟接纳自然界一切的美丽吧，因为，“爱，意味着拯救”。

模范售票员

>> （德国）奥根·来泊

我相信爱是什么并不重要。只要我们用爱心去耕耘，我们就会有爱的收获；只有撒下爱的种子，爱才会发芽，开花，结果。

一天，我乘长途公共汽车从S市到R市。车停靠一站，上来一位老太太，她带着好几个大包，还有一个精美的手提包。快到下一站时，她站起来向售票员问：“安登到了吗?”售票员回答：“没，这不是安登，还远着呢！”老太太重又坐下，可快到下一站时，她又不安起来，再次走近售票员，问：“到安登了吗?”售票员耐心地又解释了一遍，老太太一路上总是紧紧张张的，她拉开手提包，我看见，里面装着几个小纸盆和玻璃瓶。

汽车停站了，老太太还是站起来，走向售票员，售票员这回可真有点不耐烦，不过，当他看见老人家那谦恭的表情，不禁亲切友好地说：“您老别担心！到安登时，我肯定叫您！”

这几天格外热，我闭上眼，不久就睡着了。一觉醒来，透过车窗一看，我发现，车已过了安登站了。奇怪！老太太根本就没动地方！

这时，售票员路过我们座旁，他一看见老太太，就大吃一惊，惶恐不安起来。老太太可是“两耳不闻窗外事”，一心等着售票员叫她呢！售票员疾步走进驾驶室，通过窗子，可以看见他与驾驶员发生了激烈的争吵。

5分钟后，汽车终于掉头驶向安登，我真为老太太庆幸。

回到安登站时，售票员走过来说："快点，快点，我的老太太哟！这就是安登，您老快下车吧！"说着，他已帮老太太拎起了大包。老太太赶忙拦住了他："我不在这儿下车，你快放下包！我的大夫霍夫曼博士让我车到安登时服第一次药……"

■赏析

时下，国人的胃口好了，但气量倒变小了。吹胡子瞪眼爱理不理者愈来愈多了。到市面上走上一遭，你兴许会惹一脑门子火气，怪谁呢？不是咱没倡导文明礼貌，不是咱生就一幅"斗鸡"模样儿，关键是：咱的素质没能达到。

像那位"模范售票员"，始终把别人的安危放在首位，以一颗关爱之心善待他人，不求回报，只求无愧于自己的良心。

人生在世，我们该如何对待别人？我们又该如何认清自己？

■友　谊

>> （西班牙）希门内斯

不回信，绝不等于忘了朋友，正如世上绝无忘了债主的负债人。

我们彼此非常了解。我让他去他喜欢的地方，他也常常带我去我想去之处。

柏拉特罗知道，每次去到拉·戈伦那株松树下的时候，我喜欢爬上树身，用我的手抚摸它，通过它大而清新的圆顶仰望天空；他知道我喜欢那条小径，打那里可以通过草地一直走到那道古溪；从松树婆娑的山岗上看河水，唤起一片古典的风景，对我来说是一次殷勤的款待。我应该放心地在他背上打瞌睡，我的眼睛却常开着，为了看这一类怡人的风光。

我把柏拉特罗当作孩子一样看待。若是路途崎岖，我使他略觉沉重的时候，我就会下来，减轻他的负担。我吻他，逗弄他，激怒他，他却了解我总是爱他的，毫无怨言地接受我。他跟我那么相像，我甚至相信，他梦着我的梦。

柏拉特罗像一个多情的少女那样把自己奉献给我。他从不抗议什么。我知道，我就是他的幸福。他甚至逃避其他的驴子和人。

■赏　析

世间万物，彼此相连，休戚相关，是友谊沟通了彼此的信任和理解。

友谊是桥，纵隔千山万水，彼此如在咫尺。

友谊是纽带，即使天南地北，彼此也能魂绕梦牵。

友谊是真诚，坦露、爽直、纯真、无暇。

友谊是理解，助你善待赞美，读懂批评，消化仇恨。

友谊是催化剂，能使你中有我，我中有你。

让世界永奏友谊之曲！

我母亲选择的生活

>> （英国）玛丽·莱坚特

生命中没有四时不变的风景，只要心永远朝着阳光，你就会发现。每个早晨都会有清晰而又朦胧的幔帐在你的窗前旋转、升腾，这个世界永远传送着希望的序曲。

像大多数小孩子一样，我相信我母亲无所不能。她是个活力充沛、朝气蓬勃的女性，打网球，缝制我们所有的衣服，还为一个报纸专栏撰稿。我对她的才艺和美貌崇敬无比。

她爱请客，会花好几小时做饭前小吃，摘了她花园里的鲜花摆满了一屋子，并把家具重新布置让朋友好好跳舞的是母亲自己。

我会入迷地看着她在欢聚作乐前盛装打扮。直到今天，我还记得我们喜爱的那件配有深黑色精细网织罩衣的黑裙子，把她的金黄色头发衬托得格外美丽。然后，她会穿上黑色高跟舞鞋，成为在我眼中全世界最美的女人。

可是在31岁的时候，她的生活变了，我的也变了。

仿佛在突然之间，她因为生了一个良性脊瘤而弄至瘫痪，平躺着睡在医院病床上。我当时10岁，年纪还太小，不能领略“良性”一词是怎样的反话，因为，她从此以后便永远不一样了。

母亲以她对其他一切事物的那种积极心情面对她的病。“物理治疗”和“残疾”等词成了我们一起进入的那个陌生新世界的一部分。我逐渐开始照顾一向照顾我的母亲。

她终于可以起来坐轮椅了，于是，把她推入厨房便成了我的例行工作。在那里，她指点我把胡萝卜和马铃薯皮削去，以及用鲜蒜、盐和大块牛油揉在要烤的牛肉上的诀窍。

我 11 岁的时候，母亲告诉我她和爹爹将会有个小宝宝。不久，我便成了我那个小妹妹玛莉・特蕾丝的“母亲”。我很快便学会替小宝宝换尿片、洗澡和喂奶。

有一件事我至今仍然记得特别清楚：玛莉・特蕾丝两岁时跌了跤，膝盖的皮蹭破了，她哭了起来，掠过我伸出的双臂投入我的怀抱。我看到母亲脸上隐约浮现的难过神情时，已经太晚了，但她只是说道：“她当然应该跑到你那里——你把她照顾得那么好。”

母亲的每一项成就都是我们俩人生命中的大事：驾驶有动力辅助转向和动力辅助煞车装置的汽车，她重返大学读书，以及得到辅导硕士学位。

她尽力学习一切有关残疾人士的知识，后来成立了一个名叫残障社的辅导团体。有天晚上，她带我的妹妹和我到那里去。我从没见到那么多整体上有各种不同残疾的人。我回到家里，心想我们多么幸运。她还介绍我们认识一些大脑麻痹患者，让我们知道他们大家都和我们同样聪明。她又教我们怎样和弱智的人沟通，指出他们时常都很亲切和热情。

由于母亲那么乐观地接受了她的处境，我也很少对此感到悲伤怨恨。可是有一天，我不能再心平气和了，在我母亲穿高跟鞋的形象消失以后很久，我家有个晚会。当时我才十几岁，当我看到微笑着的母亲坐在旁边看她的朋友跳舞时，突然醒悟到她的身体缺陷是多么残酷。我脑海里再度映现母亲容光焕发、团团起舞的情景，不知道她自己是否也记得。我和她挨近时，看到她虽然面带笑容，却热泪盈眶。我奔回自己的卧房，哭了起来，对上帝大发脾气，对我母亲身受的不幸深感愤慨。

我长大以后在州监狱任职，母亲毛遂自荐到监狱去教授写作。我记得只要她一到，囚犯便围着她，专心聆听她讲的每一个字，就像我小时候那样。

她甚至在不能再去监狱时，仍与囚犯通信。有一天，她给了我一封信叫我寄去给一个性韦蒙的囚犯。我问她信可不可以看，她答允了，但她完全没想到这封信会给我多大的启示。信是这么写的：

亲爱的韦蒙：

自从接到你的信后，我便时常想到你。你被关在监狱里多么难受，我深为同情。可是你说我不能想象坐牢的滋味，那我觉得非说你错了不可。

我 31 岁时，人完全瘫痪。一想到自己被囚在躯体之内，再不能在草地上跳舞或抱我的孩子，我伤心极了。

有好长一阵子，我躺在那里问自己选择生活值不值得。我所重视的所有东西，似乎都已失去了。

可是，后来有一天，我忽然想到我仍有选择的自由。看见我的孩子时应该笑还是哭？我应该咒骂上帝还是请他加强我的信心？换句话说，我应该怎样运用仍然在属于我的自由意志？

我决心尽可能充实地生活，设法超越我身体的缺陷，扩展自己的思想和精神境界。我可以选择为孩子做个好榜样，也可以在感情上和肉体上枯萎死亡。

自由有很多种，韦蒙。我们失去一种，就要寻找另一种。

你可以穿过铁栏往外看，你可以作为年轻囚友的做人榜样，也可以和捣乱分子混在一起。

从某种程度上说，韦蒙，我们命运相同。

看完信时，我已泪眼模糊。然而我这时才能把母亲看得更加清楚。我再度感到一个小女孩对我无所不能的母亲的崇敬。

■赏析

病魔夺走了“母亲”健康的肢体，但没有夺走她的灵魂，她依旧那么充实、乐观地生活着，生命在她那里延伸，青春在她那里永驻。她多么强烈地感知着生活，热爱着生活，她把爱留给我们，留给每一个需要施爱的个体。她以自己的行动告诫人们：让灵魂从肉体之中站起来，勇敢地，完美你自己！

伟大的母亲，是自信和爱加强了她战胜病魔的信心，“瘫痪”并不能扼杀她的“自由意志”，她不断地实现着自我的价值，不断地，感染着那些热爱生活或背弃生活的人们。

■婚 配

>> （黎巴嫩）纪伯伦

婚配是两个相爱的强者同舟共济，以便一道战胜岁月征途上的风风雨雨；婚配就是把黄色的美酒与红色的佳酿混合在一起，而产生一种似朝霞一样桔红色的液体；婚配就是两个灵魂和谐一致，是两颗心合二为一……

从此，爱情把生活的散文写成诗篇，把生命的内容写成经卷，昼夜吟咏、诵念。从此，思慕揭开了蒙在往年那些不解之谜上面的种种神秘的幕布，而由诸般乐趣构成了只有灵魂拥抱其主的快乐才能与之相比的幸福。婚配就是两种神性结合在一起，而使第三种神性降生在地；婚配是两个相爱的强者同舟共济，以便一道战胜岁月征途上的风风雨雨；婚配就是把黄色的美酒与红色的佳酿混合在一起，而产生一种似朝霞一样桔红色的液体；婚配就是两个灵魂和谐一致，是两颗心合二为一；婚配是一条金链上的一环，这金链的开头是目光一闪，它的末尾是无穷无限；婚配是纯净的雨水从贞洁的天空向神圣的自然倾盆而下，把幸福的田地中的力量开发……如果说情人的第一眼好似爱情播在心田中的一粒种子，出自她双唇的第一次亲吻好像第一朵鲜花开放在人生的树枝。那么，与她结婚就如同那粒种子开出的第一朵鲜花结出的第一颗果实。

■赏析

有人说：婚姻是走向死亡的坟墓。

我要说：这些人根本就不懂爱情，不知道爱与被爱的滋味，他们更品尝不到"把黄色的美酒与红色的佳酿混合在一起"的甘醇。

婚配是幸福的恋情的延续，是爱走向圆满的标志、永恒！

当绵绵的爱意在心中滋生，那"人生的树叶"之上可否缀满了花瓣？而婚配是"第一朵鲜花结出的第一颗果实"，它鲜嫩、光亮，永远酝育着生命的芬芳和希望。

婚配是爱迈向永恒的第一个标志杆！

走向生活

>> （美国）戴维·科宁斯

生活可以是朴素的，理想却必须要高远。

我不敢相信自己的眼睛，又把院报办公室里那块工作人员任务牌看了一遍：

科宁斯——采访埃莉诺·罗斯福。

简直是非分之想：自己成为（西部报）报社成员刚几个月，还是一个初出茅庐的“生手”呢。兴许是写错了吧，我拔腿便跑去找责任编辑。

那是1960年10月的一天，西伊利诺斯大学的校园格外充满生气：返校节就要来临了。我终于找着了他，他正忙碌着。

“我在办公室里看了任务牌。我想一定是有人弄错。”我顿了顿，感到碍口，“说是要我采访到我们学院访问的罗斯福夫人。”

责任编辑停住手中的活儿，冲我一笑，“错不了。我们很欣赏你采访那拉哈伍德教授时的表现。现在，我们要你承担一次更重大的任务。后天只管把你的采访报道送到我办公室来就是了。祝你走运，小伙子！”

“祝你走运！”说得轻巧。如果一个人是在踢足球或是排球什么的，这话都还中听。可是我被派去采访前总统夫人，一个举世闻名的人物！埃莉诺·罗斯福不但曾和富兰克林·D·罗斯福共度春秋，而且也有过功成名就之举。而我就要去采访她！

我急匆匆直奔图书馆，一头扎进书摊，用了整整一个小时寻觅我需要的东西。我把它们一字字一句句融会贯通，如饥似渴地吮吸精神养料，连吃饭都给忘得一干二净。

书夹里夹满了卡片。我认真地将要提到的问题依次排列，力图使它们中至少有一个不同于她以前回答过的任何问题。最后，我终于成竹在胸。是夜，当我兴冲冲回到家时，对即将开始的采访真有点迫不及待了。

我和罗斯福夫人的谈话是在学生活动中心一间布置得格外别致典雅的房间进行的。当我进去时，这位75岁老太太已经落座，但她一看见我，便马上起身和我握手。她那魁梧的身躯，敏锐的目光，慈详的笑容立即给人以不可磨灭的印象。我在她旁边坐下后，便率先抛出自己认为别具一格的问题：

"请问夫人，在您会晤过的人中，您发觉哪一位有趣?"

这问题真是提得好极了，而且，我早就预估了一下答案，名字列了一大串。无论她回答是她的丈夫罗斯福，还是丘吉尔，海伦·凯勒，或是艾森豪威尔，我都能对选择的人物不假思考，接二连三的提出若干问题。不错，我不打无准备之仗。

埃莉诺莞尔一笑："戴维·科宁斯，"他的回答我始料未及，"对，我一定会选中你：戴维·科宁斯。"

我真不敢相信自己的耳朵。选中我？开什么玩笑？

"呃，夫人"我终于挤出一句话来："我不明白你的意思。"

"和一个陌生人会晤并开始一种关系，这是我生活中最令人感兴趣的那部分，"她感喟颇深地说，"我小时候总是羞羞答答的，有时甚至到了凡事都缩脚缩手的程度。后来我强迫自己欢迎他人进入自己的世界——强迫自己走向生活，终于体会到广交新友是多么使人精神振奋。"

我对罗斯福夫人一个小时的采记转眼便结束。她在一开始就使我感到轻松自如。整个采访过程中，我无拘无束十分满意。

我对埃莉诺·罗斯福夫人的采访报道见报后获得了全国学生新

闻报道奖。然而最重要的，是罗斯福夫人提出并引为座右铭的人生哲学——走向生活。

走向生活，广交新友为我的生活赋予价值，增添了欢乐。

赏析

走向生活，你才能体味到生活的美妙和新奇；

走向生活，你才能进入别人的世界，领略那一番美景、一番风情！

走向生活，你才能战胜怯懦、自卑的自我，你才能“精神振奋”；

走向生活，你会发现生活原本不是你想象中的那样无聊，那样糟糕；

走向生活，勇敢地，不要有任何顾忌……

幸福的家园

>> （黎巴嫩）纪伯伦

满足并不是幸福追求的理想，幸福是一种连续不断的渴望，满足则是一种安慰，伴随着遗忘。永垂不朽的心灵不会满足，因为完美才是它的理想，而完美则是不可限量。

我的心在我胸中觉得厌倦，于是向我辞别，走向幸福的家园。当他到了那灵魂崇敬的圣殿，就站了下来，感到茫然，因为在那里，他见到的与他长期想象的并非一般。他没见到力，没见到钱，也没见到权，只看到美与爱这一对青年，还有他们的女儿——睿智与他们作伴。

我的心对爱说道："爱呀！满足在哪里？我听说她同你们一起分享这里的安谧。"她答道："我们不需要满足。因此，她已离我们而去，隐没在处处是野心的城里。满足并不是幸福追求的理想，幸福是一种连续不断的渴望，满足则是一种安慰，伴随着遗忘。永垂不朽的心灵不会满足，因为完美才是它的理想，而完美则是不可限量。"

我的心对美说："美呀！请你开导，向我指明女人的奥妙，因为你对此最知道。"于是他说："人心呀！她就是你，你怎样，她就是怎样的；她就是我，我在哪里，她就在哪里。她像宗教——假如没受到愚昧的人的歪曲；她如圆月——如果没被乌云遮蔽；她似清风——倘若不含有腐臭的气息。"

我的心走近爱与美的女儿——睿智，说道："给我睿智！让我带她到人那里去。”她说：“要知道，她就是幸福：源于心灵最神圣的深处，并非来自外部。”

■赏析

你是否因为拥有无限的欲望和渴求而感到茫然？

你是否于“满足”中“遗忘”，于“满足”中自我欣赏？

你是否找不到美的翅膀，感知不到你周围美的光芒？

…… ……

那么，就请你走进这“幸福的家园”，看一看“美与爱这一对青年”，“还有他们的女儿——睿智与他们作伴”。

那是“灵魂崇敬的圣殿”，那是心灵最神圣的家园……

当玫瑰开花的时候

>> （智利）佩·普拉多

一个统治白昼；一个占据夜晚，这就美满了爱情的小天地。

老园丁培育出许多优良品种的玫瑰花。他像蜜蜂似的把花粉从这朵花送到那朵花，在各个不同种类的玫瑰花中进行人工授粉。就这样，他培育出了很多的新品种。这些新品种成了他心爱的宝贝，也引起了那些不肯像蜜蜂那样辛勤劳动的人的妒忌。

他从来没有摘过一朵花送人。因为这一点，他落得了一个自私、讨人厌的名声。有一位美貌的夫人曾来拜访过他。这位夫人离开的时候同样也是两手空空，没有带走一朵花，只是嘴里重复嘟哝着园丁对她说的话。从那时起，人们除了说他自私、讨人厌之外，又把他看成了疯子，谁也不再去理睬他了。

“夫人，您真美呀！”园丁对那位美貌的夫人说，“我真乐意把我花园里的花全部奉献给您呀！但是，尽管我年岁已这么大了，我依旧不知道怎样采摘下来的玫瑰花，才能算是一朵完整而有生命的玫瑰花。您在笑我吧？哦！您不要笑话我，我请您不要笑话我。”

老园丁把这位漂亮的夫人带到了玫瑰花园里，那里盛开着一种奇妙的玫瑰花，艳红的花朵好像是一颗鲜红的心被抛弃在蒺藜之中。

“夫人，您看，”园丁一边用他那熟练的布满老茧的手抚摩着花朵，一边说，“我一直观察着玫瑰开花的全部过程。那些红色的花瓣从花萼里长出来，仿佛是一堆小小的篝火喷吐出的红通通的火苗。难道把火苗从篝火中取出来还能继续保持它那熊熊燃烧的火焰吗?

花萼细嫩，慢慢地从长长的花茎上长了出来，而花朵则出落在花枝上。谁也无法确切地把它们截然分开：长到何时为止算是花萼，又从何时开始算作花朵？我还观察到当玫瑰树根往下伸展开来的时候，枝干就慢慢地变成白色，而它的根因地下渗出的水的作用，又同泥土紧紧地结合起来了。

“结果我连一朵玫瑰花该从哪儿开始算起都知道，那我怎么能把它摘下来送给他人？要是硬把它摘下来赠送给别人，那么，夫人，您知道吗？一种断残的东西其生命是十分短暂的。

“每年到了10月，那含苞待放的玫瑰花蕾绽开了。我竭力想知道玫瑰是在什么地方开始开花的。我从来也不敢说：‘我的玫瑰树开花了。’而我总是这样欢呼着：大地开花了，妙极啦！”

“在年轻的时候，我很有钱，身体壮实，人长得漂亮，而且心地善良，为人忠厚。那时曾有四个女人爱我。”

“第一个女人爱我的钱财。在那个放荡的女人手里，我的财产很快地被挥霍完了。”

“第二个女人爱我健壮的体格，她要我同我的那些情敌去搏斗，去战胜他们。可是不久，我的精力就随着她的爱情一起枯竭了。”

“第三个女人爱我英俊的容貌。她无休止地吻我，对我倾吐了许许多多情意缠绵的奉承话。我英俊的容貌随着我的青春一起消逝了，那个女人对我的爱情也就完结了。”

“第四个女人爱我忠厚善良。她利用我这一点来为她自己谋取利益，最后我终于看出了她的虚伪，就把她抛弃了。”

“在那个时候，夫人，我就像是一株玫瑰树上的四朵玫瑰花，四个女人，每人摘去了一朵。但是，如果说一株玫瑰树可以迎送100个春天的话，那么一朵玫瑰花只能有一个春天。我那几朵可怜的玫瑰花，就是因此而永远地凋零了。”

“自此以后，从来没有人在我的花园里拿走过一朵花。我对所有到我这花园来的人说：‘你什么时候才能不热衷于那些被分割开来的、残缺不全的东西呢？假如你真能把每件事物的底细明确地分清楚，假如你真能弄清玫瑰长到何时算作花萼，又从何时开始算作花朵的话，那么，你就到那玫瑰开花的地方去采摘吧！"'

■赏 析

谁能像那位老园丁一样认真恬读一次美丽的全部？

是啊，美是耀眼的，美更是完整的，当你随意采摘了它其中的"一朵"，美也就陨落了。多么深沉而睿智的语言，是否会带给我们对人生的诸多思索？完美的人生就如同这玫瑰花一样，她并非仅仅表现在那枝高昂的花朵之上，还包括它的花萼、花茎、花枝和花根，任意切割掉其中一部分，那只能是"残缺不全的东西了。"

你领悟完美人生的真谛了吗？可不要叫"四个女人"随意摘走你任何一朵玫瑰花！

■ 巢

>> （美国）默温

以人来狭义地区分，爱在左，左是心脏，占重要位置；情在右，右伤而并不危及生命，但血肉相连，欢痈亦深。

一次，在牧羊人所扔弃的一间小屋里，一对鸽子发现了一把撑开的伞，伞柄挂在屋梁上。此时正是初春时分。它们在黑蜘蛛网上筑了一个巢。屋顶透风，雨伞在风的冲击下左右摇晃，但除此以外，没有什么干扰它们，既没干扰他们的蛋，也没有干扰他们的头胎子女。

第一对小鸽子学会了飞。它们沿着乡村盘旋，越飞越远，一路上没有遇到不幸，直到有一天，当它们独自飞的时候，天下起了雨。在它们和它们的家之间撑开了几十把伞。但是，不知怎么，它们突然倒栽下来。它们吓坏了，就好像一下子知道它们飞错了方向，离开了阳光一样。它们试图飞回去，但是头却朝地面直冲而下，这时，一直在那行走，等着什么东西掉下来的动物正好捉住它们。于是，这对鸽子就成了它们的口中食。

第二对鸽子在同样的巢里长大，碰到了同样的命运。下一对，一代又一代。最后，这对父母太老了，无法再生小鸽子。

“唉，”它们说，“巢不会持续很久了。”成年累月，不断堆积的草皮和鸽粪已经使这个巢腐烂，它破破烂烂地挂在伞骨上。

“但它们一个也没有回来过。”一个老鸽说道。

“我想这很自然，”另一个老鸽回答道，“它们得自己抚养子女。

这是这里唯一的巢。”

“是啊，”那个老鸽说道：“它们要飞很远的路才能找到另一个像这样的巢。”

■赏析

默温的文风纯朴，往往通过现实世界极其平常的事物，挖掘隐蔽的深层意义，将日常经验升华到一个幻觉式的、扑朔迷离的境界，深得超现实主义的精髓。

《巢》一文为我们勾画了一幅生动的爱的画卷，于温馨的巢之中，一对老鸽那么生动地畅想着子女的生活，畅想着生命的延续，在它们眼中，巢意味着生活的港湾，意味着希望的摇篮。那么，一切不幸的厄运对它们来说又算什么呢?

只要希望存在，生命就会延伸……

■火　光

>> （俄罗斯）柯罗连科

黑夜的火光特点是：驱散黑暗，闪闪发亮，近在眼前，令人神往……

很久以前，在一个漆黑的秋天的夜晚，我泛舟在西伯利亚一条阴森森的河上。船到一个转弯处，只见前面黑□□的山峰下面，一星火光蓦地一闪。

火光又明又亮，好像就在眼前……

“好啦，谢天谢地！”我高兴地说，“马上就到过夜的地方啦！”

船夫扭头朝身后的火光望了一眼，又不以为然地划起桨来。

“远着呢！”

我不相信他的话，因为火光冲破朦胧的夜色，明明在那儿闪烁。不过船夫是对的：事实上，火光的确还远着呢。

这些黑夜的火光的特点是：驱散黑暗，闪闪发亮，近在眼前，令人神往。乍一看，再划几下就到了……其实却还远着呢！……

我们在漆黑如墨的河上又划了很久。一个峡谷和悬崖，迎面驶来，又向后移去，仿佛消失在茫茫的远方，而火光却依然停在前头，闪闪发亮，令人神往，——依然是这么近，又依然是那么远……

现在，无论是这条被悬崖峭壁的阴影笼罩的漆黑的河流，还是那一星明亮的火光，都经常浮现在我的脑际。在这以前和在这以后，曾有许多火光，似乎近在咫尺，不只使我一人心驰神往。可是生活之河却仍然在那阴森森的两岸之间流着，而火光也依旧非常遥远。因此，必须加劲划桨……

然而，火光啊……毕竟……毕竟就在前头……

赏 析

尽管我们的“生活之河”始终在那“阴森森的两岸之间流着”，但只要前面有“火光”，就会燃起我们对生活的希望。

这是心灵之火生命之火呵，它激励着我们在人生之河上“加紧划桨”，冲破阴森、恐怖的暗滩，扳倒怯懦、畏惧的自我，朝着“那一星明亮的火光”，拼力向前……

看呵，那“火光”就在前面，这么远，又这么近……

■ 拯救纽约

>> （美国）阿特·布彻沃德

请你思考一下这个问题：假如你只有三天光明，你将如何使用你的眼睛？想到三天以后，太阳再也不会在你的眼前升起，你又将如何度过那宝贵的三日？你又会让你的眼睛停留在何处？

一天，我和一个朋友坐着出租车在纽约市里行驶，当我们下车时，我的朋友对司机说："谢谢你给我们开车，你的驾驶技术真是好极了！"

司机愣了一下，停顿了片刻，迟疑地问："这话是什么意思？你是个聪明人还是个特殊的人？"

"不，亲爱的朋友，我可不是讨好你。你在道路堵塞不堪时能那样冷静，这可不是一般人能做得到的。我很佩服你。"

司机半信半疑地说了句："是吗？"就开走了。

"你这是干什么呀？"

"我要把爱带回纽约市。这是能拯救纽约的唯一办法。"我的朋友说。

"一个人能拯救纽约这样一个城市，你可真是疯了。"

"不是我一个人，还有这位司机。设想他拉了 20 位乘客，由于有人对他很好，他也会善待 20 个乘客，而这 20 名乘客也会友善地对待他们的同事、下属、商店雇员以及所有为他们服务的人，包括他们自己的家人。这种友善将伸延到 1000 个人身上，这总不是一件坏事吧！"

“你把所有的结果都押在一个出租汽车司机身上，这怎么可能?”我说。

“当然不是这样。但是，我每天，至少会面对 10 个完全不同的人，如果我能使其中 3 个人高兴，就可以间接地影响到 3000 多人的态度。”

我承认道：“在理论上听起来是好的，但在事实上恐怕就不是这么回事了。”

我的朋友却坦然地说：“即使它不能实现，我也没有任何损失，就算对方是个聋哑人，又有什么关系呢？明天，我还会碰到另一个出租汽车司机，我将努力使他高兴。”

“你可真讨人费解，傻瓜才这么想，这么干。”我淡淡地说。

朋友立刻说：“这说明你已经变得多么玩世不恭了。我对此做过研究，除了金钱之外，这里缺乏一种十分可贵的东西：没有人告诉我的在邮局工作的员工们，他们的工作做得多么好。”

“但他们做得并不好呀。”

“你知道这是为什么吗？就是因为他们觉得没有人关心他们做得好与不好，怎么就不能有人夸奖他们几句呢?”

我俩边说边走过一片施工的工地，几个工人正在吃午餐。我的朋友停下来对他们说：“你们干的工作真了不起，这活儿一定又困难又危险。”

工人们疑惑地看着他。

他又问：“什么时候完工?”

“六月份”

“噢！这可真让人兴奋，你们一定很自豪！”他边说边同我一起走开了。

我说：“自从《外星人》以来，我还真从来没见过你这样的人。”

他却信心十足地说：“当这些人领悟了我的话，你们将会对工作有另一种感觉。这样，从他们的愉快的工作情绪中，城市将受到益处。”

“但你不可能自己完成这项计划。”我断言。

“重要的是一定要鼓励这些人。要使生活在城市里的人们重新变为友爱、和蔼不是件容易的事，如果我能号召，吸引其他人加入我的行动中，……”

“你刚才是在向一个长得非常丑的妇女眨眼睛?”我打断他的话说。

“是的，我知道。”他回答道，“如果她是一个学校老师，她的班级将有非常美好的一天。”

■赏析

这篇短文没有曲折离奇的情节，但用爱去拯救纽约的立意却新颖别致，并且有着较强的社会意义，当微笑和关怀越来越少，当孤独和冷漠越来越多，这个世界也就是在一步步走向完结。这是一种人为的，灵魂上的自我毁灭，所以要想拯救，也必须从心灵上开始，而能够驱散心灵上空阴云的那就是爱的阳光!

文章结尾比较含蓄，我们仿佛看到爱正在彼此传递，不但传给同龄人，也传给下一代。纽约将因爱而获救，世界也将因爱而获救。

流动的河

>> （美国）伊格内托

我自己的生命已经枯萎，被遗弃在一条流动的河边。我闭着双眼，望着河水从我眼前滔滔流过，水声潺潺。那正是我希望的人生，正是我以为我拥有的人生。

近期，电视上播放人们频频死于霍乱，夭折的儿童被扔在某条河的两岸，没有掩埋。此时，较之于清醒、冷漠和愚钝，我更爱昏睡。我自己的生命已经枯萎，被遗弃在一条流动的河边。我闭着双眼，望着河水从我眼前滔滔流过，水声潺潺。那正是我希望的人生，正是我以为我拥有的人生。我赶着去的地方，不是别的，正是黄泉之下。我会乐意与那个死孩为伴，那个在我的身内，已经死了的孩子。我活着，体验着他的死。那似乎正是我生之要义：从幻想到幻想的破灭进而到渴望死。近来，较之于眼睁睁地呕吐、呻吟和轻声细语地祈求死，还是一睡了之的好。我的身内似乎有一块墓地，我正把世间所有的受害者安放在那里。他们静静地葬在我的身内，没有喧嚣，没有情感；成百成千的死者，目光从大字标题上匆匆扫过。我默默地把他们藏进体内。此时，偏巧我正在用餐。我继续吃着，喂着我自己，也喂着死者。但是，这一切都是我自己死的象征。我暗自诘问：我本该赞美且生活于这的那个世界究竟在哪儿？许许多多，许许多多的树耸立着。许许多多的草。倘若这就是我的世界，那它为何不召唤我投进它的怀里？像我一样，它只是履行着自己最基本的职能：随季节的变换而生长、衰亡。无论他们无论我，都无法为这一难题找到答案。我不想活在一个日渐衰亡的世界上。我祈求我的双亲宽恕我对死的渴望。我渴望像他们一样长眠安息。

■ 赏析

“我”枯萎的生命“被遗弃在一条流动的河边，”但我并不痛苦。因为“我”所拥有的人生并不是“我”所热爱的。昏睡才是“我”的渴望。睡了，便“没了喧嚣，没有情感”，不会再为“日渐衰亡的世界”而伤感。也许，昏睡中还可以梦到“我本该赞美并生活于之的那个世界”。

世间所有的受害者都请走入“我”身内的墓地吧！既然我们无法为难题找到答案，就安歇在“流动的河边”吧！“我的双亲”，“我”祈求你们的宽恕，然而，“我”依旧渴望像死者一样……